RESEARCH ON EARTHQUAKE
INSURANCE SYSTEM

# 地震保险
## 制度研究

孙云强　温怀斌　危福泉　陈建华 ◎ 编著

海峡出版发行集团 | 福建科学技术出版社
THE STRAITS PUBLISHING & DISTRIBUTING GROUP | FUJIAN SCIENCE & TECHNOLOGY PUBLISHING HOUSE

## 主要内容

中国是大陆地震灾害最严重的国家之一，频繁发生的地震灾害，严重影响人民的生命和财产安全。地震保险是一种对地震灾害进行风险管理和损失分摊的手段，在地震灾后重建中可以发挥巨大的作用。本书阐释建立地震保险制度的必要性，并介绍了日本、美国加州、土耳其等地震高发国家和地区的地震保险经验，而后结合我国国情，对我国地震保险制度的构建提出建议与展望。

本书可供政府管理、金融保险、地震、住建物业等相关工作者及大专院校师生阅读参考。

**图书在版编目（CIP）数据**

地震保险制度研究 / 孙云强等编著.—福州：福建科学技术出版社，2022.12
ISBN 978-7-5335-6923-5

Ⅰ.①地… Ⅱ.①孙… Ⅲ.①地震保险 – 保险制度 – 研究 – 中国
Ⅳ.①F842.64

中国国家版本馆CIP数据核字（2023）第023577号

| | | |
|---|---|---|
| 书　　名 | 地震保险制度研究 | |
| 编　　著 | 孙云强　温怀斌　危福泉　陈建华 | |
| 出版发行 | 福建科学技术出版社 | |
| 社　　址 | 福州市东水路76号（邮编350001） | |
| 网　　址 | www.fjstp.com | |
| 经　　销 | 福建新华发行（集团）有限责任公司 | |
| 印　　刷 | 福州万紫千红印刷有限公司 | |
| 开　　本 | 700毫米×1000毫米　1/16 | |
| 印　　张 | 9 | |
| 字　　数 | 166千字 | |
| 版　　次 | 2022年12月第1版 | |
| 印　　次 | 2022年12月第1次印刷 | |
| 书　　号 | ISBN 978-7-5335-6923-5 | |
| 定　　价 | 59.00元 | |

书中如有印装质量问题，可直接向本社调换

**孙云强：** 1991 年生，籍贯福建惠安，2020 年毕业于中国科学院大学固体地球物理学专业，获理学博士学位，现为福建农林大学副教授，硕士生导师。任中国地震学会地壳应力与地震专业委员会委员，《地震科学进展》青年编委。主要研究方向为地球动力学数值模拟，研究兴趣包括地震序列的时空演化（人工合成地震目录）、地震应力触发、地震风险及工程结构抗震等。主持国家自然科学基金、福建省自然科学基金等资助项目 6 项，参与国家重点研发计划、地震科学联合基金等资助项目 10 余项。在国内外学术期刊上发表学术论文 20 余篇，其中 SCI 收录 12 篇。

**温怀斌：** 籍贯福建莆田，中共党员，高级经济师，高级核保师。现任福建省金融学会副会长兼秘书长、福建省保险学会驻会副会长、《福建保险》主编，硕士生导师。本科经过区域地质调查、企业管理、经济法等三个专业训练，而后进入保险行业，已有三十多年从业经历，具有财险基层支公司、地市级分公司、省级分公司和总公司的四级工作经验。在财险公司非车险领域的国际、国内业务方面有丰富的实践经验，尤其在国内非车险业务的非水险、水险、再保险领域有较高知名度和丰富的实际操作经验。主持过一系列大型工程项目和世界 500 强企业的一揽子保险项目。长期致力于保险理论研究与保险产品开发，在《保险研究》《中国地质经济》《中国人民保险》《福建金融》《福建保险》等刊物发表论文 30 余篇。长期致力于保险培训工作，曾任人保财险总公司船货产品线高级核保师考核出题组组长、总公司产品开发课题组评审专家、总公司级培训班课程高级讲师等。

**危福泉：**籍贯福建惠安（沙县出生），研究生学历，高级工程师，硕士研究生导师，福建省地震局规划财务处一级调研员。曾任福建省地震局闽台地震科技交流培训中心主任，信息网络与应急指挥中心主任，应急救援处、震害防御（法规）处处长。北京大学地震地质学本科毕业，工作后于北京大学研究生院进修地图学与地理信息系统专业，于中央党校获经济学（经济管理）专业在职研究生学历。发表论文 40 余篇，论文《基于人口统计数据的区域震害快速评估方法》获 2010 年福建省自然科学优秀论文一等奖。先后主持负责福建省科技厅、福建省发改委、中国地震局的基金项目、重点项目和国家科技部攻关项目多项，主持完成 2 项省级标准的制定，其中《地震灾害搜索和营救训练要求》获 2020 年福建省标准贡献三等奖。科技成果获省部级三等奖多次，以及政府信息化应用推进奖、中国地震局地质研究所优秀成果一等奖、福建漳州市和龙岩市科学技术进步二等奖等。2008 年被中共福建省委、福建省政府授予"抗震救灾先进个人"称号，2011 年和 2012 年先后被福建省文明委授予"福建省首届优秀志愿者""福建省身边好人"称号。记公务员三等功 3 次。

**陈建华：**1979 年生，籍贯福建上杭，中南财经政法大学财税专业本科毕业，福建师范大学经济学硕士毕业，2002 年参加工作。现任福建省财政厅会计考试管理中心主任。第一批入选福建财政人才库。长期从事财政业务工作，熟悉宏观经济和财政业务，多年服务于地震财务管理工作，多次在闽财讲坛和福建高校、科研机构开展财政业务讲座。在《东南学术》《福建论坛》《中国财政》《中国财经报》《八闽快讯》《学习强国》等报刊、媒体发表文章 20 余篇。

# 序

　　我国幅员辽阔，是一个巨灾相对多发的国家，近年来，随着经济的发展，社会和家庭财富快速增加并聚集，因此，我国巨灾的风险暴露不断加大，其中，地震巨灾风险尤为突出。

　　一直以来，国家高度重视解决巨灾风险治理，但真正解决并非易事，故面对巨灾来袭，人们仍然面临应急和应对问题，难免陷入"措手不及""手忙脚乱"和"疲于应付"的忙乱状态，灾后则容易出现"雪上加霜"和"复苏艰难"，乃至"经济倒退"的局面，缺乏一种未雨绸缪、有备无患、游刃有余，更加从容不迫的制度安排和能力储备。

　　从主观上讲，尽管巨灾保险制度建设仍面临许多难题、困难和挑战，但我们决不能望而却步，而是要以高度的责任感和使命感，通过"新型举国体制"下的巨灾保险制度建设去面对，去发现，去探索，去克服，去解决，去完善。巨灾保险制度的建设，不能再等，要清醒地认识到：建比不建好，迟建不如早建。因此，实事求是、求真务实至关重要，解决问题是硬道理。

　　我国在巨灾风险管理方面的研究成果不多，大多只来自院校和学界，故主要停留在理论研究和学习国外先进经验的层面，能够落地的成果相对较少。而本书《地震保险制度研究》则不同：首先，它在作者团队上具有"先天优势"，几位作者分别来自行业主管（政）、金融机构（产）和科研单位（研），他们的"志同道合"，不仅满足了课题研究对知识结构的要求，更具备了"需求导向"的务实基因；其次，地震保险是一种跨学科的研究，因此，需要复合型的知识背景，本书的作者组合从根本上解决了学科的融合问题，克服了学术研究有时难免"自说自话"和"自以为是"的问题，他们能够用共同的语言和思维方式，开展更加务实的研究；第三，几位作者均是各个领域的"实战派"，因此，书中就少了一些"虚头巴脑"的东西，而是"单刀直入"地"直奔主题"，力求"简单明了"，强调"突出重点"，关注"解决问题"，确保"可操作和可落地"，即突出一个"实"字。因此，许多研究成果和观点，值得相关行业，特别是政府主管部门的关注。

最后，我作为一名"巨灾保险研究的老兵"，还是要"泼点冷水"，也是一种忠告。对于我国而言，特别是在社会财富不断增加，人们生活日益富裕的今天，巨灾保险制度，特别是地震保险制度的重要性不言而喻，是怎么强调都不过分的。但在过去的几十年里，不能说国家和政府不重视，不能说专家和学者不努力，不能说保险行业不作为，但客观上讲，特别是用专业的视角看，我国真正意义上的地震保险制度建设仍然在路上，其背后的原因是显而易见的，又是不容易克难的，特别是从部门和技术的角度看。

因此，我一直有一个观点：我国的地震保险制度建设，或者说地震保险制度建设的突破，首先要解决"为了谁"的问题，即要将其提高到一个政治的高度来看待，如果以"人民至上"的理念看，就没有解决不了的技术问题；其次，就我国的实际情况看，大可不必等"尽善尽美"的方案有了再做，而是应当采用"边建设，边完善"的思路。

最后，衷心地希望这份研究成果，能够为我国地震保险制度的研究和建设添砖加瓦，共同为更加美好的中国作一份自己的贡献。

王　和

中国精算师协会会长

2022 年 12 月

# 第一章
## 地震及其灾害

DIZHEN
JI QI
ZAIHAI

## 一 地震的成因与类型

地震是指因地球深部岩石突然破裂，或地表局部塌陷、火山爆发等突发性地质活动引发地层振动，振动以波的形式（地震波）向四周传播，从而造成的地表广泛震动。发生振动的初始位置称为震源（图1-1）。震源具有一定的空间范围，但地震学家通常把它当成一个点来处理（地震学考虑的是大范围的问题，震源相对地震的影响范围来说很小，因此可以被当成一点来看待）。震源在地表的投影称为震中，而震源至地表的垂直距离称为震源深度（图1-1）。

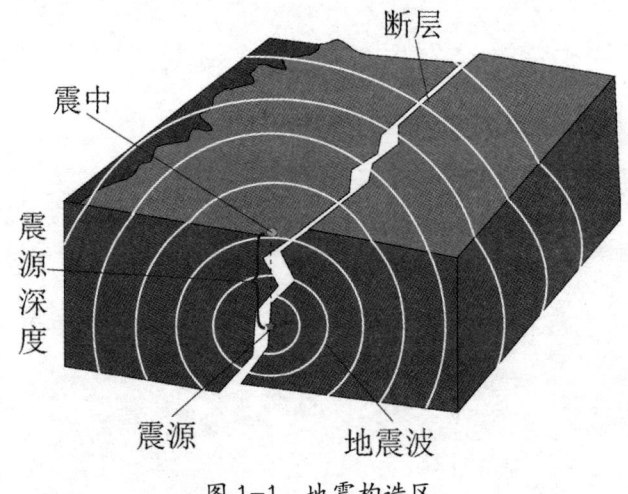

图 1-1　地震构造区

根据地震的成因可以将地震分为构造地震、火山地震、塌陷地震、诱发地震及人工地震等。

构造地震是在地质构造力的作用下，岩层不断积累应力而达到极限状态，继而在比较薄弱的地方突然发生断裂错动所致。发生断裂错动的地方形成断层（图1-1），称为发震断层。构造地震一般发生在已有的断层上，这类地震发生最为频繁（约占全球地震的90%以上），造成的破坏最为严重，通常我们所说的地震就是构造地震。

火山地震是由于火山作用，如岩浆活动、气体爆炸等引起的地震。火山地震一般影响较小，不引起较大的灾害，且只在火山活动区发生。这类地震约占全球地震的7%。

塌陷地震是由地下岩洞或矿井顶部坍塌而引起的地震。塌陷地震规模较小，发生的次数也相对比较少，一般发生在大规模地下开采的矿区或溶洞密布的石灰岩地区。诱发地震的原因主要是水库蓄水、油田注水等活动，因此它仅在某些特定的水库区域或油田地区偶尔发生。

根据地震震源深度的不同，可将地震分为三种类型：震源深度小于 70 千米的地震称为浅源地震；震源深度在 70~300 千米的地震称为中源地震；震源深度超过 300 千米的地震称为深源地震。一般来说，同样大小的地震，当震源深度较小时，其波及范围也较小，但是地表的破坏程度则较大；而当震源深度较大时，其波及范围较大，但是地表的破坏程度则相对较小。世界上绝大多数地震都为浅源地震，震源深度主要集中在 5~20 千米。

## 二　对地震强度的度量：震级与烈度

地震的震级和烈度是两种表征地震强弱的方式。

其中，震级是对一次地震所释放的能量大小的表征，是地震的基本参数之一。常用的震级有以下几种标度：近震震级 $M_L$，体波震级 $M_b$（短周期）及 $M_B$（长周期），面波震级 $M_S$（我国规定对公众发布的震级一律使用面波震级 $M_S$）。以上三种标度都属于 Richter-Gutenberg（里克特－古登堡）震级系统，亦称里氏震级，是目前国际上比较通用的震级标度。实际观测表明面波震级在达到 $M_S$8.5 级时会出现"震级饱和现象"，因此对巨大地震的量度还有矩震级 $M_W$ 等标度。

不同震级地震释放的能量差别很大，震级每相差一级，地震释放的能量相差约 30 倍。如用同一种震级标度表示地震的大小，由于一次地震释放的能量是一定的，因此一次地震只有一个震级。而如果用不同的震级标度表示地震的大小，则可能出现一次地震有不同震级的情况（如同样的一次地震，用体波震级度量为 $M_b$7.0 级，用面波震级度量可能为 $M_S$6.9 级，用矩震级则可能为 $M_W$6.8 级）。另外，由于地震波从震源出发到达不同观测台站所经过的地球介质有差异，因此，同一次地震由不同台站所测量得到的震级也有可能存在一定的偏差。

根据震级的不同，可将地震分为六大类：震级 < 1 级的称为极微震，1 级 ≤ 震级 < 3 级的称为微震，3 级 ≤ 震级 < 5 级的称为有感地震，5 级 ≤ 震级 < 7 级的称为中强地震，7 级 ≤ 震级 < 8 级的称为大地震，震级 ≥ 8 级的则称为特大地震。中强及以上的地震一般会造成地表不同程度的破坏和损失；中强以下

级别的地震一般不会造成地表破坏,有时候我们甚至感受不到这类地震的发生,只能通过相关的地震仪器测量得到。事实上,地球每天都在发生着地震,但是大部分都是我们感受不到的微震及以下的地震。

地震烈度是对地震引起的地表震动大小及其造成的影响大小的表征;通常以建（构）筑物的破坏程度、地表的破坏程度和人们的感受来衡量。烈度不是用相关仪器记录得到的,而是通过观察地震区,即受地震影响区域的破坏程度评估得到的。同样大小的地震在不同地区造成的破坏程度会不同,因此,一次地震可以有不同的烈度。一般来说,一次地震的震源越浅,地震区离震源中心越近,地表变形就越大,建（构）筑物受到的影响也越大,即地震烈度越高。而对于不同震级大小的地震,由于地震区与震源中心的距离、地质结构以及建（构）筑物抗震性能等的不同,却有可能产生相同的地震烈度。

由于烈度是通过观察地震区的破坏程度得到的,存在较大的主观性。因此,在实际地震工作中制定了统一使用的评定标准,这个标准称为地震烈度表。目前,在世界各国使用较为广泛的地震烈度表主要有麦卡利烈度表（MM）、苏联烈度表（OCT）、欧洲烈度表（EMS98）、日本气象厅烈度表（JMA）等。

我国使用的烈度表与麦卡利烈度表相近,见表1-1,它将地震烈度分为12个等级,分别用罗马数字Ⅰ～Ⅻ或阿拉伯数字1~12表示。在使用时有规定:Ⅰ度（1度）～Ⅴ度（5度）的评定以人的感觉和器物反应为主要依据;Ⅵ度（6度）～Ⅹ度（10度）的评定以房屋震害为主要依据,同时参照表中其他评定指标的判定结果;Ⅺ度（11度）和Ⅻ度（12度）的评定应综合考虑房屋震害和地表震害现象。

## 三　全球地震分布

根据板块构造学说,地壳被一些活动构造带分割为彼此相对运动的板块,全球大部分地震发生在大构造板块的边界断裂上,也有部分发生在板块内部的活动断裂上,见图1-2。全球的地震分布在空间上呈现出一定的带状,称为地震带。在地震带外,地震相对较少,且分布零散。研究发现全球的地震主要集中分布在地壳活动强烈的三大地震带（环太平洋地震带、地中海-喜马拉雅地震带和海岭地震带）上。这三大地震带都处在全球板块的交界处。

表 1-1　中国地震烈度表（GB/T 17742—2020）

| 地震烈度 | 评定指标 | | | | | | | | 合成地震动的最大值 | |
|---|---|---|---|---|---|---|---|---|---|---|
| | 房屋震害 | | | 人的感觉 | 器物反应 | 生命线工程震害 | 其他震害现象 | 仪器测定的地震烈度 $I$ | 加速度 m/s² | 速度 m/s |
| | 类型 | 震害程度 | 平均震害指数 | | | | | | | |
| Ⅰ（1） | — | — | — | 无感 | — | — | — | $1.0 \leq I < 1.5$ | $1.80 \times 10^{-2}$（$<2.57 \times 10^{-2}$） | $1.21 \times 10^{-3}$（$<1.77 \times 10^{-3}$） |
| Ⅱ（2） | — | — | — | 室内个别静止中的人有感觉，个别较高楼层中的人有感觉 | — | — | — | $1.5 \leq I < 2.5$ | $3.69 \times 10^{-2}$（$2.58 \times 10^{-2} \sim 5.28 \times 10^{-2}$） | $2.59 \times 10^{-3}$（$1.78 \times 10^{-3} \sim 3.81 \times 10^{-3}$） |
| Ⅲ（3） | — | 门、窗轻微作响 | — | 室内少数静止中的人有感觉，少数较高楼层中的人有明显感觉 | 悬挂物微动 | — | — | $2.5 \leq I < 3.5$ | $7.57 \times 10^{-2}$（$5.29 \times 10^{-2} \sim 1.08 \times 10^{-1}$） | $5.58 \times 10^{-3}$（$3.82 \times 10^{-3} \sim 8.19 \times 10^{-3}$） |
| Ⅳ（4） | — | 门、窗作响 | — | 室内多数人、室外少数人有感觉，少数人从睡梦中惊醒 | 悬挂物明显摆动，器皿作响 | — | — | $3.5 \leq I < 4.5$ | $1.55 \times 10^{-1}$（$1.09 \times 10^{-1} \sim 2.22 \times 10^{-1}$） | $1.20 \times 10^{-2}$（$8.20 \times 10^{-3} \sim 1.76 \times 10^{-2}$） |
| Ⅴ（5） | — | 门窗、屋顶、屋架颤动作响，灰土掉落，个别房屋墙体抹灰出现细微裂缝，个别老旧 A1 类或 A2 类房屋墙体出现轻微裂缝或原有裂缝扩展，个别屋顶烟囱掉砖，个别墙体出现裂缝瓦片掉落 | — | 室内绝大多数、室外多数人有感觉，多数人睡梦中惊醒，少数人惊逃户外 | 悬挂物大幅度晃动，少数架上小物品、个别顶部沉重或放置不稳定器物摇动或翻倒，水晃动并从盛满的容器中溢出 | — | — | $4.5 \leq I < 5.5$ | $3.19 \times 10^{-1}$（$2.23 \times 10^{-1} \sim 4.56 \times 10^{-1}$） | $2.59 \times 10^{-2}$（$1.77 \times 10^{-2} \sim 3.80 \times 10^{-2}$） |

续表

| 地震烈度 | 评定指标 | | | | | | | | 合成地震动的最大值 | |
|---|---|---|---|---|---|---|---|---|---|---|
| | 房屋震害 | | | 人的感觉 | 器物反应 | 生命线工程震害 | 其他震害现象 | 仪器测定的地震烈度 $I$ | 加速度 m/s² | 速度 m/s |
| | 类型 | 震害程度 | 平均震害指数 | | | | | | | |
| VI (6) | A1 | 少数轻微破坏和中等破坏，多数基本完好 | 0.02~0.17 | 多数人站立不稳，多数人惊逃户外 | 少数轻家具和物品移动，少个数顶部沉重的器物翻倒 | 个别梁桥挡块破坏，个别拱桥主拱圈及桥台开裂；少个别老旧变压器支座松动；个别老旧支线管道有破坏，局部水压下降 | 河岸和松软土地出现裂缝，饱和砂层出现喷沙冒水；个别独立砖烟囱轻度裂缝 | $5.5 \leqslant I < 6.5$ | $6.53 \times 10^{-1}$ ( $4.57 \times 10^{-1}$ ~ $9.36 \times 10^{-1}$ ) | $5.57 \times 10^{-2}$ ( $3.81 \times 10^{-2}$ ~ $8.17 \times 10^{-2}$ ) |
| | A2 | 少数轻微破坏和中等破坏，大多数基本完好 | 0.01~0.13 | | | | | | | |
| | B | 少数轻微破坏和中等破坏，大多数基本完好 | ≤0.11 | | | | | | | |
| | C | 少数或个别轻微破坏，绝大多数基本完好 | ≤0.06 | | | | | | | |
| | D | 少数或个别轻微破坏，绝大多数基本完好 | ≤0.04 | | | | | | | |

续表

| 地震烈度 | 房屋震害 | | | 评定指标 | | | | | 合成地震动的最大值 | |
|---|---|---|---|---|---|---|---|---|---|---|
| | 类型 | 震害程度 | 平均震害指数 | 人的感觉 | 器物反应 | 生命线工程震害 | 其他震害现象 | 仪器测定的地震烈度 $I$ | 加速度 m/s² | 速度 m/s |
| VII（7） | A1 | 少数严重破坏和毁坏，多数中等破坏和轻微破坏 | 0.15~0.44 | 大多数人惊逃户外，骑自行车的人有感觉，行驶中的汽车驾乘人员有感觉 | 物品从架子上掉落，多数顶部沉重的器物翻倒，少数家具倾倒 | 少数梁桥挡块破坏，个别拱桥主拱圈出现明显裂缝和变形以及个别桥墩顶部开裂；个别变压器的套管破坏，少数瓷柱型高压电气设备破坏；少数支线管道破坏，局部停水 | 河岸出现塌方，饱和砂层常见喷水冒砂，松软土地上地裂缝较多，大多数独立砖烟囱中等破坏 | $6.5 \leq I < 7.5$ | 1.35（9.37×10⁻¹ ~ 1.94） | 1.20×10⁻¹（8.18×10⁻² ~ 1.76×10⁻¹） |
| | A2 | 少数微破坏和中等破坏，多数基本完好 | 0.11~0.31 | | | | | | | |
| | B | 少数微破坏和中等破坏，多数基本完好 | 0.09~0.27 | | | | | | | |
| | C | 少数微破坏和中等破坏，多数基本完好 | 0.05~0.18 | | | | | | | |
| | D | 少数微破坏和中等破坏，大多数基本完好 | 0.04~0.16 | | | | | | | |

续表

| 地震烈度 | 评定指标 | | | | | | | 仪器测定的地震烈度 $I$ | 合成地震动的最大值 | |
|---|---|---|---|---|---|---|---|---|---|---|
| | 房屋震害 | | | 人的感觉 | 器物反应 | 生命线工程震害 | 其他震害现象 | | 加速度 m/s² | 速度 m/s |
| | 类型 | 震害程度 | 平均震害指数 | | | | | | | |
| VIII（8） | A1 | 少数毁坏，多数中等破坏和严重破坏 | 0.42~0.62 | 多数人摇晃颠簸，行走困难 | 除重家具外，室内物品大多数倾倒或移位 | 少数梁桥梁体移位、开裂及多数挡块破坏，少数拱桥主拱圈开裂严重；变压器的套管破坏，个别或少数高压电气设备柱型破坏，多数支线管道破坏及少数干线管道破坏，部分区域停水 | 干硬土地上多出现裂缝，饱和砂层大多数喷砂；大多数独立砖烟囱严重破坏 | $7.5 \leq I < 8.5$ | 2.79 （1.95~4.01） | $2.58 \times 10^{-1}$ （$1.77 \times 10^{-1}$~ $3.78 \times 10^{-1}$） |
| | A2 | 少数严重破坏，多数中等破坏和轻微破坏 | 0.29~0.46 | | | | | | | |
| | B | 少数严重破坏，多数中等破坏和轻微破坏 | 0.25~0.50 | | | | | | | |
| | C | 少数中等破坏和严重破坏，多数轻微破坏和基本完好 | 0.16~0.35 | | | | | | | |
| | D | 少数中等破坏，多数轻微破坏和基本完好 | 0.14~0.27 | | | | | | | |

续表

| 地震烈度 | 房屋震害 | | | 评定指标 | | | | | 合成地震动的最大值 | |
| --- | --- | --- | --- | --- | --- | --- | --- | --- | --- | --- |
| | 类型 | 震害程度 | 平均震害指数 | 人的感觉 | 器物反应 | 生命线工程震害 | 其他震害现象 | 仪器测定的地震烈度 $I$ | 加速度 m/s² | 速度 m/s |
| IX (9) | A1 | 大多数毁坏和严重破坏 | 0.60~0.90 | 行动的人摔倒 | 室内物品大多数倾倒或移位 | 个别梁桥桥墩局部压溃或落梁，个别拱桥跨塌或濒于垮塌；多数变压器套管破坏，少数变压器移位，少数瓷柱型高压电气设备破坏；各类供水管道破坏、渗漏广泛发生，大范围停水 | 干硬土地上多处出现裂缝，可见基岩裂缝、错动，滑坡、塌方常见；独立砖烟囱多数倒塌 | 8.5 ≤ $I$ < 9.5 | 5.77 （4.02~8.30） | $5.55 \times 10^{-1}$ （$3.79 \times 10^{-1}$~$8.14 \times 10^{-1}$） |
| | A2 | 少数毁坏、多数严重破坏和中等破坏 | 0.44~0.62 | | | | | | | |
| | B | 少数毁坏、多数严重破坏和中等破坏 | 0.48~0.69 | | | | | | | |
| | C | 多数严重破坏和少数轻微破坏 | 0.33~0.54 | | | | | | | |
| | D | 少数严重破坏、多数中等破坏和轻微破坏 | 0.25~0.48 | | | | | | | |

续表

| 地震烈度 | 房屋震害 | | | 评定指标 | | | | 仪器测定的地震烈度 $I$ | 合成地震动的最大值 | |
| --- | --- | --- | --- | --- | --- | --- | --- | --- | --- | --- |
| | 类型 | 震害程度 | 平均震害指数 | 人的感觉 | 器物反应 | 生命线工程震害 | 其他震害现象 | | 加速度 m/s² | 速度 m/s |
| X（10） | A1 | 绝大多数毁坏 | 0.88~1.00 | 骑自行车的人会摔倒，处于不稳状态的人会摔离原地，有抛起感 | | 个别梁桥桥墩压溃或折断，少数落梁，桥梁垮塌或濒于垮塌；绝大多数变电设备损坏，套管断裂漏油，多数瓷柱型电气设备破坏或倒毁；供水管网破坏，全区域停水 | 山崩和地震断裂出现；大多数独立砖烟囱从根部破坏或倒塌 | $9.5 \leq I < 10.5$ | $1.19 \times 10^1$（$8.31 \times 10^1 \sim 1.72 \times 10^1$） | $1.19$（$8.15 \times 10^{-1} \sim 1.75$） |
| | A2 | 大多数毁坏 | 0.60~0.88 | | | | | | | |
| | B | 大多数毁坏 | 0.67~0.91 | | | | | | | |
| | C | 大多数严重破坏和毁坏 | 0.52~0.84 | | | | | | | |
| | D | 大多数严重破坏和毁坏 | 0.46~0.84 | | | | | | | |
| XI（11） | A1 | | 1.00 | — | — | — | 地震断裂延续很大；大量山崩滑坡 | $10.5 \leq I < 11.5$ | $2.47 \times 10^1$（$1.73 \times 10^1 \sim 3.55 \times 10^1$） | $2.57$（$1.76 \sim 3.77$） |
| | A2 | | 0.86~1.00 | | | | | | | |
| | B | 绝大多数毁坏 | 0.90~1.00 | | | | | | | |
| | C | | 0.84~1.00 | | | | | | | |
| | D | | 0.84~1.00 | | | | | | | |

续表

| 地震烈度 | 评定指标 | | | | | | | | 合成地震动的最大值 | |
| --- | --- | --- | --- | --- | --- | --- | --- | --- | --- | --- |
| | 房屋震害 | | | 人的感觉 | 器物反应 | 生命线工程震害 | 其他震害现象 | 仪器测定的地震烈度 $I$ | 加速度 m/s² | 速度 m/s |
| | 类型 | 震害程度 | 平均震害指数 | | | | | | | |
| XII（12） | 各类 | 几乎全部毁坏 | 1.00 | — | — | — | 地面剧烈变化，山河改观 | $11.5 \leq I \leq 12.0$ | $> 3.55 \times 10^1$ | $> 3.77$ |

注：

1. 表中"—"表示无内容。

2. 震害指数：房屋震害程度的定量指标，以 0.00 到 1.00 之间的数字表示，为各级震害的加权平均值。

3. 平均震害指数：同类房屋震害指数的加权平均值，即各级震害指数与相应的震害比率乘积之和。

4. 表中数量词采用"个别"、"少数"、"多数"、"大多数"和"绝大多数"，其范围界定如下："个别"为 10% 以下；"少数"为 10%～45%；"多数"为 40%～70%；"大多数"为 60%～90%；"绝大多数"为 80% 以上。

5. 用于评定烈度的房屋，包括以下 5 种类型：（a）A1 类，表示未经抗震设防的土木、砖木、石木等房屋；（b）A2 类，表示穿斗木构架房屋；（c）B 类，表示未经抗震设防的砖混结构房屋；（d）C 类，表示按照Ⅶ度（7 度）抗震设防的砖混结构房屋；（e）D 类，表示按照Ⅷ度（7 度）抗震设防的钢筋混凝土框架结构房屋。

6. 房屋破坏等级划分为"基本完好""轻微破坏""中等破坏""严重破坏"和"毁坏"5 个等级，其定义和对应的震害指数 $d$ 如下：（a）"基本完好"，承重和非承重构件完好，或个别非承重构件轻微损坏，不加修理可继续使用。对应的震害指数范围为 $0.00 \leq d < 0.10$；（b）"轻微破坏"，个别承重构件出现轻微裂缝，非承重构件有明显裂缝，不需要修理或稍加修理即可继续使用。对应的震害指数范围为 $0.10 \leq d < 0.30$；（c）"中等破坏"，多数承重构件出现轻微裂缝，部分承重构件有明显裂缝，个别非承重构件破坏严重，需要一般修理后可使用。对应的震害指数范围为 $0.30 \leq d < 0.55$；（d）"严重破坏"，多数承重构件破坏较严重，非承重构件局部倒塌，房屋修复困难。对应的震害指数范围为 $0.55 \leq d < 0.85$；（e）"毁坏"，多数承重构件严重破坏，房屋结构濒于崩溃或已倒塌，已无修复可能。对应的震害指数范围为 $0.85 \leq d < 1.00$。

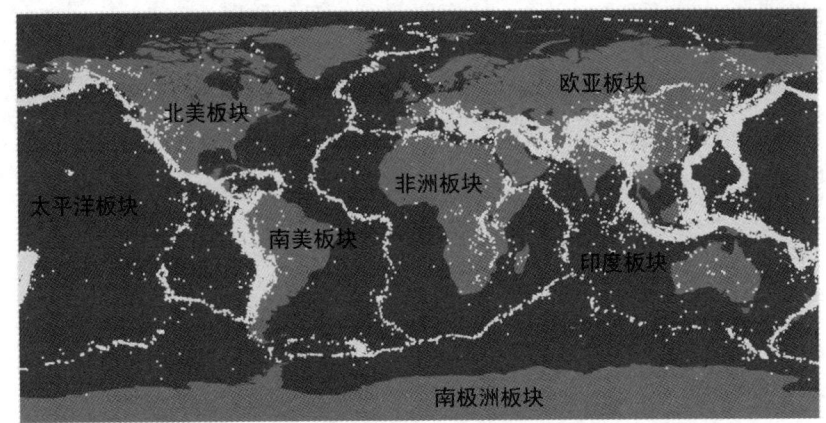

图 1-2　1904-2017 年全球地震震中分布

数据来自国际地震中心 http://www.isc.ac.uk

### （一）环太平洋地震带

环太平洋地震带是地球上最主要也是最大的地震带。该地震带围绕着太平洋分布，呈现为一个巨大的环状：沿北美洲太平洋东岸的美国阿拉斯加向南，经加拿大、美国加州和墨西哥西部地区，到达南美洲的哥伦比亚、秘鲁和智利；然后从智利转向西，穿过太平洋抵达大洋洲东边界附近，在新西兰东部海域转向北，再经斐济、印度尼西亚、菲律宾、我国台湾省、琉球群岛、日本列岛、千岛群岛、堪察加半岛、阿留申群岛，回到北美洲太平洋东岸的美国阿拉斯加地区，如此环绕太平洋一周，也把太平洋和周边的大陆地区分隔开来。

地球上约有 80% 以上的浅源地震、几乎全部的中源地震和深源地震都发生在环太平洋地震带上。历史上，环太平洋地震带发生了多次破坏性的大地震，造成了巨大的经济损失和人员伤亡，包括 1906 年 4 月 18 日发生在美国的旧金山 7.8 级大地震，1960 年 5 月 22 日发生在智利的里氏 9.5 级大地震（迄今为止全球测得的最大地震），1999 年 9 月 21 日发生在台湾南投的 7.6 级集集大地震，及 2011 年 3 月 11 日发生在日本东北部海域的 9.0 级大地震等。

### （二）地中海 - 喜马拉雅地震带（欧亚地震带）

地中海 - 喜马拉雅地震带主要分布于欧亚大陆，所以也称作欧亚地震带，是全球第二大地震带。该地震带横贯亚欧大陆南部、非洲西北部，从澳大利亚以北地区开始，到印度尼西亚，经中南半岛西部和我国的云南、贵州、四川、青海、西藏等地区，以及印度、巴基斯坦、尼泊尔、阿富汗、伊朗、土耳其到地中海北岸，一直延伸到大西洋的亚速尔群岛。

欧亚地震带的地震所释放的能量占全球地震释放总能量的 15% 左右。发生在该地震带的地震主要是浅源地震和中源地震，深源地震则较少。这条地震带也是现今地壳运动活跃的地带，我国的青藏高原地震带就属于欧亚地震带中的一段。

### （三）海岭地震带

海岭地震带又称大洋中脊地震带，分布在太平洋、大西洋、印度洋中的海岭（海底山脉），主要包括东太平洋中隆地震带、大西洋中脊（海岭）地震带、印度洋海岭地震带，是全球最长的一条地震带。

相比于环太平洋地震带和欧亚地震带，海岭地震带的地震活动相对较弱，全球只有约 5% 的地震发生在这条地震带上。发生在海岭地震带的地震皆以浅源地震为主，地震震级大部分在 7 级以下。

## 四 地震灾害的特点

由地震引起的地表各类建（构）筑物倒塌或破坏、生命线工程设施的破坏等，及二次灾害（由地震引发的山体滑坡、泥石流、海啸、水灾、瘟疫、火灾、爆炸、毒气泄漏以及放射性物质扩散等造成的人畜伤亡和财产损失）称为地震灾害。

地震灾害主要有以下几个特点：

（1）突发性强。地震活动最大的特点是难以预测。基于弹性回跳理论，地震复发具有一定的周期性。然而，现实中的地震孕震过程受到构造加载、断层相互作用、温度、孔隙流体压力等各种因素的共同作用，是极其复杂的。准确地预测地震三要素（发震时间、位置和震级）仍然是世界性难题。地震预报研究目前还处于探索阶段，绝大多数地震还不能做出临震预报。因此地震的发生往往出乎预料，使得人们在地震发生时不易有充分的组织和心理等方面的准备，导致人员撤离等应急措施难以实施。

（2）瞬时性。地震在瞬间发生，作用的时间很短，最短十几秒，最长两三分钟，可能造成山崩地裂、房倒屋塌，使人猝不及防，辛勤建设的文明成果在瞬间毁灭。地震爆发的当时人们无法组织有效的抗御行动。

（3）破坏性大、成灾广泛。强烈的地震可以在以秒计的短暂时间内造成巨大的破坏，破坏性地震甚至可以使一座城市顷刻之间变成废墟，如果是发生在夜间的地震，造成的破坏更为严重。据1988年"国际减轻自然灾害十年"专家组的不完全统计，20世纪全球地震灾害死亡总人数超过120万人，1900—1986年间地震死亡人数占所有自然灾害死亡人数的58%。

（4）次生灾害严重。强烈的地震不仅会直接造成人员伤亡和建筑物、工程设施的破坏，而且往往会引发一系列的次生灾害，造成更大的破坏。世界上很多震例的次生灾害造成的损失都超过了地震本身造成的损失。常见的次生灾害包括：由地震灾害引发的海啸、火灾、滑坡泥石流、核泄漏、瘟疫等。

（5）社会影响深远。地震灾害发生后，还会产生一系列的连锁反应，对人们心理上的影响比较大，对一个地区甚至一个国家的社会生活和经济活动造成巨大的冲击。

## 五 地震灾害的损失及其影响

地震是一种极其常见的自然灾害，也是给人类社会造成损失最大的自然灾害。

地震灾害包含直接灾害和次生灾害。地震直接灾害主要是指由地面震动所导致的灾害，包括地面开裂、崩塌，建（构）物的破坏等。地震次生灾害是地震发生时，破坏了原有的自然或社会平衡所引发的灾害，主要包括由地震引起的海啸、火灾、滑坡泥石流、毒气泄漏、瘟疫等，其中火灾是最常见的地震次生灾害。地震灾害的严重程度主要由地震的大小、自然环境和社会抗御地震的能力决定，即与震级、震源深度、震区自然环境、地震发生时间、人口密度、经济发展程度和建筑物抗震能力等因素密切相关。

在地震灾害现场经常会看到一些坐落在地震断层上的建筑物被错断、撕裂的现象，造成这些现象的原因是地下能量突然释放，导致地震断层错动。这种能量十分巨大，建筑物的抗震措施是无法抗拒的。

破坏性大地震的持续时间通常只有几十秒，甚至十几秒钟，在如此短的时间内，造成大量的房屋倒塌、人员伤亡，危害性是其他自然灾害难以比拟的。如发生在人口稠密、经济发达的地区，往往会造成更大的人员伤亡和经济损失，并发生一系列连锁反应，社会影响深远。例如，2008年5月12日发生在我国的汶川大地震造成了近7万人死亡，37万多人重伤，近800万间房屋倒塌，

2400多万间房屋损坏。

地震可能导致泥石流，在山区或者其他沟谷深壑、地形险峻的地区，地震会引发山体滑坡，形成携带有大量泥沙以及石块的特殊洪流。泥石流具有突然性以及流速快、流量大和破坏力强等特点，常常会冲毁公路铁路等交通设施甚至村镇等，造成巨大损失。

海底地震可能导致海啸，海啸的波速高达每小时700~800千米，使它在几小时内就能横穿大洋，其波长可达数百千米，所蕴含的能量在大洋中传播几千千米也不会损失太大。海啸在深海区传播时，波高较小，但到达临岸浅水地带后，波长减小而波高急剧增加（可达数十米），形成含有巨大能量的"水墙"。海啸主要受海底地形、海岸线几何形状及波浪特性的影响，呼啸的海浪"水墙"每隔数分钟或数十分钟就重复一次，摧毁堤岸，淹没陆地，夺走人民的生命以及财产，破坏力极大。全球的海啸发生区大致与地震带一致。例如，2004年12月26日，印度尼西亚苏门答腊岛附近海域发生里氏9.1级地震，并引发大海啸，造成印度洋沿岸国家的人民生命和财产的重大损失，近30万人罹难，50多万人无家可归。其破坏程度之大、影响范围之广都是人类历史上极为罕见的。

地震发生后，建筑物倒塌易引发电线短路、煤气泄漏、输油管破裂、炉灶翻倒等情况，往往造成火灾，加之供水系统破坏，消防水源短缺，难以扑灭。所以火灾是最容易发生的地震次生灾害之一。例如，1906年4月18日美国旧金山发生7.8级地震，引发火灾，大火烧了三天三夜。

地震一旦使生产或储存有毒有害物料的设备或输送管道遭到破损，有毒有害气体就会迅速向周围泄漏，造成大范围人员伤亡。另外，核电站、核废料埋置区等设施也可能因地震造成核物质泄漏，形成严重核辐射。例如，2011年3月11日发生的9.0级的东日本大地震引发海啸，对日本东北部岩手县、福岛县等造成毁灭性的破坏，并且导致福岛第一核电站发生核泄漏，由于核污染，目前仍有几万人不得不过着疏散在外的生活。

另外，在地震灾害发生后，有些人目睹了生命、财产的巨大损失和亲朋好友的离去，或自己身体受到伤害，或原来熟悉的生活环境发生了巨大的改变，会产生强烈的恐惧、悲伤、失望、焦虑等心理反应，可能造成严重的心理障碍。

# 六 ＼ 中国的地震及其灾害

## （一）中国的地震构造区分布

我国位于世界两大地震带——环太平洋地震带与地中海－喜马拉雅地震带之间，受到太平洋板块、印度板块和菲律宾海板块的挤压，地震断裂带十分活跃。根据活动块体的划分以及历史地震的空间分布等，中国及其邻区可以划分为八个地震构造区（见表1-2及图1-3）[1]，它们分别为：青藏高原地震构造区、新疆－阿拉善地震构造区、东北地震构造区、华北地震构造区、华南地震构造区、台湾地震构造区、东海地震构造区、南海地震构造区。

**表1-2　中国及邻区的地震构造区、带划分**

| 地震构造区名称 | 主要地震带 |
| --- | --- |
| 青藏高原地震构造区 | 西昆仑－帕米尔地震带、龙门山地震带、六盘山－祁连山地震带、柴达木－阿尔金地震带、巴颜喀拉地震带、鲜水河－滇东地震带、喜马拉雅地震带、滇西南地震带、藏中地震带 |
| 新疆－阿拉善地震构造区 | 南天山地震带、中天山地震带、北天山地震带、阿尔泰山地震带、阿拉善地震统计区 |
| 华北地震构造区 | 长江下游－黄海地震带、郯庐地震带、华北平原地震带、汾渭地震带、银川－河套地震带、朝鲜地震带、鄂尔多斯地震统计区 |
| 台湾地震构造区 | 台湾西部地震带、台湾东部地震带 |
| 华南地震构造区 | 长江中游地震带、华南沿海地震带、右江地震带 |
| 东北地震构造区 | |
| 东海地震构造区 | |
| 南海地震构造区 | |

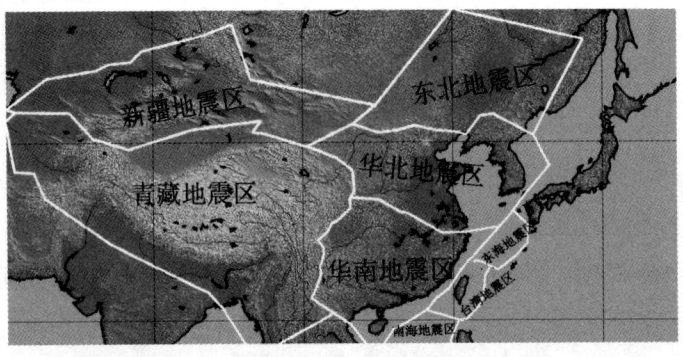

图1-3　中国大陆及邻区的地震构造区划分

---

[1] 高孟潭.《中国地震动参数区划图（GB 18306—2015）》宣贯教材［M］.北京：中国质检出版社，2015.

### 1.青藏高原地震构造区

受到印度板块俯冲至欧亚板块下方，并持续向北推移和楔入的影响，青藏高原快速变形、隆升，地壳变形非常明显，这使得青藏高原地震构造区成为中国大陆地震活动最强烈的地区，其影响范围向北可以延伸到祁连山北缘和河西走廊前陆盆地。

青藏高原地震构造区的北部边界为西昆仑北缘 – 阿尔金断裂带，东北缘边界为祁连山北缘 – 海原断裂带（也有研究指出青藏高原的影响已经越过祁连 – 海原断裂带，到达鄂尔多斯块体内部），这两个边界均由多条活动裂带和断陷盆地组成。该地震构造带的东部边界比较复杂，不同走向、不同性质的断裂带交错展布，组成复杂的构造带：北段以一条弥散的近南北向强震分布带跨过秦岭，地表伴随有一些北东和北西向断裂；中段在秦岭以南沿岷江断裂、龙门山推覆构造带中南段和成都前陆盆地向南延伸；南段受到川滇地区一系列的近南北向活动断裂控制。

青藏高原地震构造区内部又可以划分为拉萨块体、羌塘块体、巴颜喀拉块体、昆仑 – 柴达木块体、祁连山块体、川滇块体、滇西南块体和西昆仑块体共8个Ⅱ级活动块体。活动块体彼此之间都被活动断裂所分割。地震大部分发生在这些活动块体的边界断裂带上。

据统计，自有地震记录以来，青藏高原构造区8级以上地震共发生过9次，7~7.9级地震发生过78次，是中国大陆地震活动最频繁的区域。2008年汶川Ms8级地震和2015年尼泊尔Ms8.1级地震都发生在青藏高原地震构造区内（尼泊尔大地震震中在尼泊尔境内，但影响范围包括我国的西藏与尼泊尔交界地区）。

### 2.新疆 – 阿拉善地震构造区

新疆 – 阿拉善地震构造区主要包括四个地震带：阿尔泰山地震带、北天山地震带、中天山地震带、南天山地震带。印度板块向北推挤的远程效应及其在兴都库什地区的强烈挤压是新疆 – 阿拉善地震构造区现今地壳变形及地震活动的主要动力源。

自1600年至2007年，新疆及其周边共记载了14万次以上的地震，其中5~5.9级地震524次，6~6.9级地震112次，7~7.9级地震27次，8级以上地震4次；破坏性大地震主要有：1902年阿拉木图8.2级大地震，1906年玛纳斯8.0级大地震，1911年阿拉木图8.2级大地震，及1931年富蕴8.0级大地震。

新疆－阿拉善地震构造区内除塔里木盆地、准噶尔盆地的地震活动较弱外，各地震带均大量分布晚第四纪活动断裂，大多是未来可能发生强震的发震构造。尤其是近年来的新疆于田地区地震序列（2008 年于田 $M_W$7.3 级地震、2012 年于田 $M_W$6.2 级地震、2014 年于田 $M_W$6.9 级地震，及 2020 年于田 $M_W$6.3 级地震）和 2017 年精河两次 $M_W$6.3 级地震发生后，该区的未来地震危险性更是引起研究者极大的关注。

### 3. 华北地震构造区

由于华北地震构造区人口稠密、大城市集中，政治、经济、文化和交通发达，地震可能造成的灾害影响严重，所以该区是中国地震构造研究界最为关注，也研究得最详细的地区。

华北地震构造区西部为鄂尔多斯块体；东部变形较为复杂，包括多个 II 级活动块体。该区以发育正走滑断裂及其控制的地堑、半地堑盆地为主要特征。地震地质学家根据该区的活动构造分区及地震活动特点等将该区分为 6 个主要的地震带：银川－河套地震带、汾渭地震带、河北平原地震带、东秦岭－大别地震带、郯庐地震带、长江下游－黄海地震带。

该区晚第三纪以来构造运动非常强烈，历史上曾发生多次破坏性大的地震。近 700 多年以来，华北地震构造区发生的重大地震有 1303 年山西洪洞 8 级大地震（约 47 万人死亡），1556 年陕西华县 8 级大地震（约 83 万人死亡，是历史上死亡人数最多的地震），1668 年山东郯城 8.5 级大地震，1679 年三河平谷 8 级大地震，1966 年河北邢台 7.2 级大地震（在 21 天时间里连续发生了 5 次 6.0~7.2 级的地震）、1976 年河北唐山 7.8 级大地震（约 24 万人死亡）等，都造成了巨大的损失。

### 4. 台湾地震构造区

台湾地震构造区位于菲律宾海板块与欧亚板块的边界，范围包括我国的台湾省及其邻近海域，是我国地震活动最频繁的地区之一。

该区地震的发生与太平洋板块、台湾岛弧系统等的构造活动有关：在环太平洋地震带西部，菲律宾海板块沿琉球海沟向北俯冲到台湾东北部的欧亚板块之下，而欧亚板块在吕宋岛弧附近向东俯冲到台湾南端的菲律宾海板块之下，强烈的板块碰撞及俯冲造成台湾岛的强烈抬升及频繁的地震活动。

研究指出台湾地区包括两个主要的地震带——台湾东部地震带和台湾西部地震带，地震活动有"西疏东密"的特征。据统计，台湾东部地震带 1900 年以来共发生了 36 次 7 级以上大地震；台湾西部地震带发生了 8 次 7 级以上的大地震，包括 1999 年发生在车笼埔断裂上的 M7.6 级集集大地震等。

### 5. 华南地震构造区

华南地震构造区包括福建省、广东省、海南省、浙江省南部、江西省东南部、广西东南部，以及东海和南海部分大陆架。活动断层和活动盆地主要分布于长江中下游和东南沿海地区；在桂西滇东块体区也有分布，但活动并不强烈；华南地震构造区内部的川贵湘赣块体内则无明显的现代差异运动。整体来说，华南地震构造区内部构造活动相对较弱，但东南沿海地区有一定的地震活动性。

受菲律宾海板块在台湾东部与欧亚板块碰撞影响，晚第四纪以来，华南地震构造区东南部的台湾海峡西部滨海一带构造活动十分强烈，地震也相对活跃，是华南地震构造带的强震活动区。该区历史上共记录到 6 级以上地震 26 次，其中 7 级以上地震 4 次，最大地震为 1604 年泉州海外大地震和 1605 年琼山 7.5 级大地震。

### 6. 东北地震构造区

东北地震构造区包括黑龙江省、吉林省、辽宁省北部和内蒙古自治区东部，毗邻俄罗斯、蒙古国和朝鲜部分地区。该区晚第四纪以来构造活动和地震活动强度相比青藏高原地震构造区、新疆–阿拉善地震构造区、台湾地震构造区、华北地震构造区等要弱得多。发生在该区的大地震以中强地震为主，历史上仅记录到 6 级以上地震 6 次。该区东部吉林省延吉—珲春一带有深源地震活动记录，并且震级较大，曾有 7 级以上地震发生在这里，震源深度为 300~600 千米，研究推测为太平洋板块俯冲带向下俯冲到数百千米深部的结果。

### 7. 东海地震构造区和南海地震构造区

发生在东海地震构造区和南海地震构造区的地震对大陆地区的影响一般较小。由于研究程度较低，对这两个构造区在晚第四纪以来的地震活动性尚不很清楚。

## （二）中国地震活动的特点

我国大陆地震活动分布范围较广。据历史记载，我国的绝大多数省份都曾经发生过 6 级以上的地震。根据我国 1990 年颁布的《中国地震烈度区划图》，划为地震烈度 Ⅵ 度及以上的地区占中国国土面积的 79%（见表 1-3），中国有超过三分之一的国土、近一半的城市和近三分之二的百万以上人口特大城市位于划为地震烈度Ⅶ度及以上的地区。

**表1-3  中国地震烈度分区总面积及百分比**

| 地震烈度分区 | < Ⅵ度 | Ⅵ度 | Ⅶ度 | Ⅷ度 | Ⅸ度 | 总计 |
|---|---|---|---|---|---|---|
| 总面积/($10^4$km$^2$) | 201 | 361 | 320 | 68 | 9.5 | 959.5 |
| 所占百分比 | 21% | 38% | 33% | 7% | 1% | 100% |

　　我国大陆及邻区的地震空间分布表现出显著的不均匀性（见图1-4）。大部分地震发生在东经107°以西地区及台湾地区，即，除了台湾地区，东经107°以西地区的地震活动显著强于东部地区。西部地区地震强度大，频度高，据统计，1900—2010年共记录到7级以上地震64次，其中8级以上地震8次，最大震级为8.6级；而同期东部地区只记录到7级以上浅源地震8次，最大震

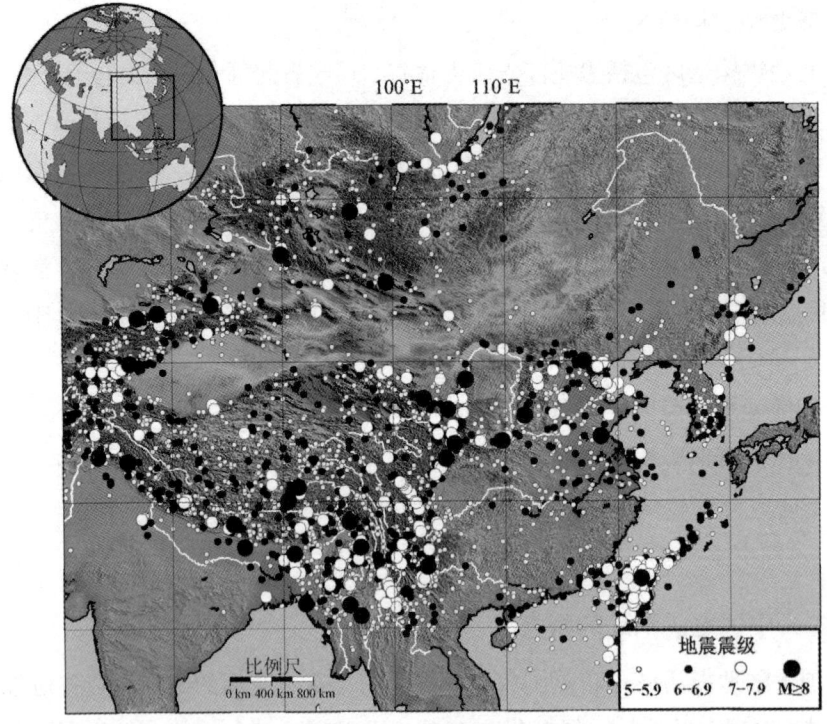

图1-4　中国大陆及邻区历史地震分布（公元前2300—公元2000年）

地震数据来自 Lee, et al., 2003, International handbook of earthquake and engineering seismology, Part B.

Elsevier Science, p. 1942

级为 7.8 级。

结合历史地震、古地震等资料的统计表明，我国地震活动在许多地区都存在时间轴上的起伏变化，在不同时段，地震活动的强度和频度存在较大的差异。地震活动具有丛集期—平静期交替出现的特征：在地震平静期，地震活动相对较少且强度较小，一般很少甚至没有 7 级以上的地震发生；而在地震丛集期，地震成群出现，活动强烈。例如，1966—1976 年是我国地震活动的相对活跃期，这 10 年间我国大陆共发生 14 次 7 级以上地震；而 1977—1985 年为地震平静期，在这段时间中国大陆没有 7 级以上的地震发生，两者之间形成非常强烈的反差。

我国地震还有震源浅的特点。除了青藏高原南缘、东北地区及台湾地区，我国内陆地区的地震大多为发生在上地壳、中地壳处的浅源地震；震源深度一般不超过 30 千米。东部地区的地震震源深度甚至更浅，一般在 10 千米—20 千米的深度范围。

### （三）我国的地震灾害损失

中国是大陆地震危害最严重的国家之一。我国陆地面积仅占全球的 7%，却发生了占全球 35% 的 7 级以上大陆地震，是世界上最主要的大陆地震区。20 世纪全球因地震造成的死亡人数（约 120 万人）中，中国就占了将近一半（约 59 万人）。地震发生频繁、强度大、分布广，造成的破坏严重是中国大陆地震的主要特点。每一次大地震都会造成大量的人员伤亡和财产损失，例如，1976 年唐山大地震造成了 24.2 万人死亡，16.4 万人重伤，直接经济损失 100 亿元以上，2008 年汶川大地震造成了 6.9 万人死亡，37 万人重伤，直接经济损失更是达到 8451 亿元以上（表 1-4）。随着我国城市化进程的加快，突发性的大地震造成的经济损失也可能越来越大。

**表 1-4　中国典型地震损失统计**

| 名称 | 时间 | 震级 | 人员伤亡 | 房屋损毁 | 经济损失 |
|------|------|------|----------|----------|----------|
| 唐山地震 | 1976 年 | 7.8 级 | 死亡 24.2 万人<br>重伤 16.4 万人 | 倒塌 530 万间 | 100 亿元以上 |
| 汶川地震 | 2008 年 | 8.0 级 | 死亡 6.9 万人<br>重伤 37 万人 | 倒塌 795 万间<br>损坏 2418 万间 | 8451 亿元以上 |

# 第二章
# 地震保险概述

DIZHEN
BAOXIAN
GAISHU

　　地震作为一种破坏力极强的自然灾害，常给人类社会带来极大的破坏，由此造成的人员伤亡和经济损失的数目是非常巨大的。尽管准确地预测预报地震三要素（发震时间、位置和震级）可以极大地减少地震灾害所造成的损失，但是目前地震预测预报仍然是世界性的难题，处在探索阶段，尚无法通过准确地提供地震三要素来指导提前疏散，从而减小地震损失。因此，面对巨大的地震损失，除了由政府主导负责震后灾区的经济补偿和重建外，可以补偿地震灾害损失的保险品种，即地震保险，其作用和效率正越来越受到人们的重视，尤其是在地震多发国家。

## 一　地震保险的基本概念

　　保险，是指投保人根据合同的约定，向保险人（保险公司）支付保险费；而保险人对于合同约定的可能发生的风险所造成的损失承担赔偿保险金的保险行为。从经济学的角度来看，保险是转移和分摊风险损失的一种财务安排，是经济的"减震器"和"助推器"；从法律的角度来看，保险是一种合同行为，是根据合同约定，由保险人赔偿投保人风险损失的合同安排；而从社会角度看，保险是社会经济保障体系的重要组成部分，是社会风险互助的一种制度安排，是社会生产和生活的"稳定器"。随着社会的进步，为适应商品经济的发展，保险便成了人们应对各种意外情况的一种经济手段，在人们的生活中起着举足轻重的作用。

　　而地震保险则是专门针对地震风险的保险品种，是指通过保险的运作原理，被保险人面对地震风险可能引起的生命和财产损失向保险人支付保险费用，在地震发生后，按照规定的地震风险及造成的损失获得合理赔偿的过程。地震保险从商品经济角度出发，是针对地震灾害可能造成的风险，进行灾害损失补偿或给付的一种分散风险的经济形式。通过地震保险能使被保险人得到经济补偿，弥补因地震造成的损失，可以尽快恢复生产和安定人民的生活，是实现社会互助、减轻国家经济负担、提高防震减灾能力的一种有效的金融手段。

　　地震保险包括政策性地震保险和商业性地震保险两种形式。政策性地震保险是指由政府设立，专门机构经营，或由政府给予一定补贴、政策支持，由商业保险机构经营的地震保险。商业性地震保险是由商业保险公司按照市场经济规律和保险定价基本原理经营的地震保险。由于破坏性地震造成的损失巨大，世界各国的地震保险大多以国家集中统一经营为主，即目前大多数国家的地震保险是以政策性地震保险为主。目前我国的地震保险业务根据各地实际情况开设，但大多数地区的保险公司尚未开设专门的地震保险品种。

## 二　地震保险的特点

地震保险在应对地震灾害的过程中，与政府赈济、社会捐献援助相比具有以下明显特点：

（1）必要性。由于被保险人支付了保费并与保险人签订了保险合同，当地震灾害损失发生时，在地震保险责任范围内的损失，保险人必须给予赔偿。

（2）足额性。当地震灾害后，不管地震对被保险人所造成的损失如何，保险人在保险责任范围内按规定的额度予以被保险人赔偿。

（3）及时性。地震灾害损失发生后，被保险人要及时报告，保险人要及时赔偿，保险损失较大时，保险人可先预付一定比例赔款，余款待结案后处理。

（4）合理性。地震灾害发生后，受灾范围广，受灾群众多，损失程度不一样，但赔偿都必须按照保险责任的规定进行。

（5）货币性。地震灾害损失发生后，被保险人损失的形式五花八门，保险人赔偿是以货币形式赔偿，便于被保险人灵活地进行灾后恢复和重建。

地震保险除以上特点外还与所在国制定的相关政策息息相关。我国《防震减灾法》第二十五条规定："国家鼓励单位和个人参加地震灾害保险"。从法律条文可以看出地震保险是一个公益性较高的保险，是非强制性的自愿保险；该政策性规定一方面鼓励单位和个人参加地震灾害保险，另一方面也起到促进中国特色地震保险制度逐步建立和完善的作用。

此外，地震保险与地震活动特点也紧密相关，由于地震的特殊性——难以预测、突发性强、造成的破坏严重且波及范围较大，以及其他不确定性因素，所以地震保险的赔付十分不稳定，而单独一家商业财产保险公司的支付能力是非常有限的，所以地震保险一般会通过再保险来减少保险公司的风险（再保险也叫做分保，是指保险人在原保险合同的基础上，通过签订分保合同，将其所承保的部分风险和责任向其他保险人进行保险的行为）。日本等许多国家的做法是各财产保险公司根据法律共同出资，成立了地震再保险公司，通过再保险的形式建立政府和民间共同分担责任的官民一体的制度。另外，地震保险的费率与建筑物抗震性能有关；有的国家在费率设计时还考虑不同地区的地震风险。

目前除少数国家有设立单独的地震保险外，大多国家和地区地震保险不能单独投保，必须和家庭火灾保险一起投保，原则上附加在火灾保险合同中。保险金额也有限额，一般是火灾保险限额的 30%~50%。我国目前的做法也大致相同。

另外，由于地震保险与其他财产灾害风险有很大的不同，因此地震保险也具有其特殊性。从经济学的角度，地震保险还具有以下几个主要特征：

### 1. 不符合大数法则

大数法则也称大数定律，是指任何看似随机的现象，如果放大到一定数量，都会有一个必然的概率。例如，抛掷一枚硬币，出现正面和反面的概率各为 50%；只连续抛掷两次硬币，得到一次正面一次反面的结果概率较低，存在较大的偶然性；但是如果抛掷的次数足够多（成千上万次），那么出现正反两面的结果都会无限趋近于 50%，这就是大数法则下表现出的必然规律。

从经济学的角度来看，保险是一种经济关系，是分散意外损失的一种融资方式。作为一种风险分散方法，保险就是建立在事故发生的偶然性和必然性的基础上的，其数学依据是大数法则和概率论。

因此大数法则对保险人的意义是，承保的风险单位数量越多，发生意外的实际损失结果会越接近从无限单位数量得出的预期损失可能的结果。基于此，保险人就可以比较准确地预测风险，合理地厘定保险费率，使得在保险期限内收取的保险费和损失赔偿及其他费用开支相平衡。保险公司正是利用个例情况存在的不确定性将在大数中消失的这种性质，来分析承保标的发生损失的相对稳定性。按照大数法则，保险公司承保的每类标的数量必须要足够大，否则就不能产生所需要的数量规律。

而地震保险往往不适用于大数法则。破坏性地震是典型的低频率、高损失、难预测的"黑天鹅事件"，其保险赔付具有很大的波动性，这使得（再）保险公司将面临很大的地震损失风险。此外，由于破坏性地震大部分在特定的几个地震带上发生，这就造成了高风险地区的人们投保意识较强，而低风险地区的人们不愿意甚至拒绝投保，所以保险中的大数法则难以运用于地震保险。

按照保险理论，对于商业保险公司来说，地震风险并不符合可保性要求（表2-1）。尽管地震风险的损失程度高、发生概率小，但是缺少大量具有同质、独立分布的风险暴露（保险定价的基础是大量的历史损失曲线，而历史上的地震灾害相比火灾爆炸等事故案例少之又少，记录的数据量达不到精算要求，因此地震保险产品的定价相当困难）。并且，我们还无法准确预测地震灾害的发生及得到满足地震风险的概率分布，因此也无法得知地震风险发生及其影响程度的准确信息（地震预测是世界难题，地震孕震机理和风险规律在各地区具有差异性；并且地震往往造成大面积保险标的同时损失，而且地震容易导致火灾、水灾等次生灾害，承保个体间具有较强的正相关，保险公司承保地震难以在空间中分散风险，在地震灾害下的损失预估往往难以支撑大数法则）。一旦保险公司财力不足、再保险市场规模较小时，保险公司将无法承担地震突发造成的巨大损失（保险公司为保证法定的赔付能力，需要更多的资金和准备金，增加经营成本）。

表 2-1  地震风险的可保性判断

| 可保风险条件 | 地震风险 |
| --- | --- |
| 损失程度较高 | 是 |
| 损失发生的概率较小 | 是 |
| 损失的发生必须是意外 | 是 |
| 损失具有确定的概率分布 | 否 |
| 存在大量具有同质、独立分布的风险暴露 | 否 |
| 损失是可以确定和测量的 | 否 |
| 损失不能同时发生 | 否 |

当然并不是说地震风险永远都不可保，随着当前保险公司资本的日渐雄厚，保险新技术的不断出现（例如，在中国再保险第三届"巨灾与保险"高峰论坛上，中再集团发布了中国地震巨灾模型 2.0，该模型能模拟中国大陆及其周边地区 500 万年共计 3 亿多个地震随机事件，首次实现精准测算中国不同建造年代、高度、用途、结构体系的上万种建筑物在模拟地震中的经济损失和保险损失，模型计算速度极快，计算结果符合我国实际），以及再保险市场的扩大，地震风险已逐渐被一些保险公司列在了保险责任范围之内。

### 2. 准公共产品

从经济学角度来说，界定一种产品或服务是否为公共产品，主要看其是否具备非排他性和非竞争性，即，公共产品指具有非竞争性和非排他性的产品。

通俗地说，公共产品是指不论个人是否购买，都能使相关成员获利的产品。例如灾害救助，民众事先不需要为其缴纳任何费用（无竞争性），而一旦发生灾害，受灾的民众均可以得到救助（非排他性），所有的救济均从政府财政预算支出。（见表2-2）

与公共产品不同，私人产品是指具有竞争性和排他性的产品。此类产品是为了满足不同人员不同的需求，使用该产品需要缴纳一定的费用（竞争性），因此与个人的利益直接相关。其次，私人产品一般具有较强的排他性，可以将某些个体排除在此类产品的消费之外。因此有偿消费是私人产品竞争性和排他性的具体表现形式。例如商业保险，购买保险产品需要缴纳一定的保费（竞争性），一旦事故发生，保险公司将按保险合同约定给予受益人一定的损失给付（排他性）。（见表2-2）

**表2-2　灾害救助、地震保险及商业保险的区别**

| 产品 | 产品属性 | 出资方及出资类型 | 归属类别 |
|---|---|---|---|
| 灾害救助 | 无需缴纳费用（较强的非竞争性）；受灾民众均可得到救助（非排他性） | 政府（财政预算） | 公共产品 |
| 地震保险 | 有政策补贴，需缴纳保费（部分竞争性）；除政府补贴，按保险合同给予受益人损失补偿（部分排他性） | 政府（政策、补贴），投保人（保费） | 准公共产品 |
| 商业保险 | 购买保险产品需缴纳保费（竞争性）；按保险合同约定给予受益人损失给付（排他性） | 投保人（保费） | 私人产品 |

而准公共产品则是介于公共产品与私人产品之间的形态：相比于公共产品，准公共产品具有部分排他性和竞争性；而相比于私人产品，准公共产品具有部分的非排他性和非竞争性。地震保险就是典型的准公共产品。

由于地震的破坏性大，导致受灾地区没有能力建立应急与补偿机制，必须借助外部力量来进行灾后补偿与重建工作。地震保险就具有补偿地震灾害、保障社会稳定的作用，可以使受灾的企业和家庭迅速恢复生产生活。政府也会在一定程度上提供类似的保障，因此即使人们没有购买这种保险，也同样可以在地震发生时享受到来自政府的补助。从这个意义看，地震保险具有了准公共产品的特征，弱化了公众购买的积极性。一个健康有序的保险市场是保险产品的供给双方都能够根据自身意愿进行交易的。在我国地震保险市场中，往往存在商业供给不足，保险需求得不到满足的市场失灵现象，主要原因就是地震保险具有准公共产品的特征，不能完全依靠市场机制调控和配置。

从地震灾害的特性来看，地震风险属于国家安全风险范畴。因此地震保险一般为政府主导的准公共产品。地震的破坏力强，容易引发次生灾害，会造成一个国家或地区在同一时间里出现大范围保险标的群体损失，造成巨大的人员伤亡和经济损失，国家或地区的经济受到重创而停滞或后退。地震保险在效用上具有不可分割性，它为全体社会成员分担风险，受益者是全体社会成员。保险公司如果只依靠市场机制来提供地震保险产品，将面临较大的经营风险：首先地震保险的经营需要有一定的规模，要想在时间和空间上分散风险，规模如果不够大，经营成本就会被推高，而较高的价格势必会导致地震保险的市场需求大大减少；其次，保险赔付具有很大的波动性，一次破坏性大的地震有可能导致保险公司的赔付呈指数式增长，这使得（再）保险公司将面临很大的损失风险，甚至出现资不抵债而破产。另外，国际地震再保险市场是一个寡头垄断市场，我国在地震等巨灾的分保价格上话语权不强，同时地震保险信息不对称、不充分也容易推高再保险的定价，不利于地震风险转移和分散。

因此，地震保险虽然大部分由保险公司经营，其保险合同关系由投保人与保险人之间协议，即具有私人产品的属性，但是由于地震造成的破坏性特别大，会给受灾地区的人们身心造成难以恢复的创伤，地震风险应急与补偿的效率高低关系到公共安全和社会稳定，所以地震保险不同于普通的商业保险。它既不是纯粹的公共产品，也不是单纯的私人产品，而是介于两者之间，同时具有私人产品和公共产品的部分特征。即，地震保险属于准公共产品。

### 3. 具有社会正外部性

外部性也称溢出效益、外部影响或外差效应，是指主体行为或决策使得他人受损或者受益的情况。从宏观角度分析，外部性是一种经济现象，可以分成正外部性和负外部性。正外部性表示主体行为或决策能够为他人带来正面的外部激励和影响；而负外部性则主要指主体行为或决策给他人造成一定的关联损失，但是主体行为人并不需要为此付出经济补偿成本。

地震保险作为保险产品中的一种，不仅扩大了保险公司的业务收入和被保险人得到的赔款，而且地震保险还具有利益外溢的特征，是一种正外部性产品。

地震保险具有需求（投保人对地震保险的需求）和供给（保险公司对地震保险的供给）的双重正外部性。对于投保地震保险的人而言，购买地震保险所得的个人利益小于其为整个社会所提供的利益。对于地震保险的经营者（保险公司）而言，其所得的利益小于其供给的成本。而社会其他成员未支付任何费用，却享受着生产稳定、产品价格低廉和国家经济增长的益处。

商业保险是一种经营行为，保险经营者以追求利润为目的，独立核算、自主经营、自负盈亏。然而，地震保险的购买者和供给者成本利益失衡，导致需求不足、供给有限，于是地震保险的供给和需求规模缩小，小于社会最佳规模，造成市场失灵[1]，这种情况反映了地震保险具有明显的公益性，具有公共产品的属性。并且，绝大部分地震保险都不是以盈利为目的，而是以公益为主，这说明了其成本上的外部性。其在利益上的外部性主要体现为：保险公司推出的地震保险产品不仅是给地震风险个体带来地震风险损失补偿保障，还通过灾前风险防御检查、灾时紧急抢救等来减少地震灾害可能造成的损失。这些都不是通过地震保险的定价就可以反映出来的。

### 4. 面临逆向选择与道德风险

由于信息的不对称性，地震保险与其他险种类似，同样面临逆向选择与道德风险。

地震保险的逆向选择主要体现在时间和空间两个维度上。时间上的逆向选择表现为：地震活动往往表现出地震丛集期与地震平静期相互交替出现的规律，在地震丛集期，两次大地震之间的时间间隔较短，大地震往往表现出接二连三的发生现象，处于地震高风险地区的单位或个人在这样的时间段对地震保险的需求也会越来越大；而在地震平静期，地震活动相对较少，单位或个人则不愿意购买地震保险，总体需求大大减少。空间上的逆向选择表现为区域地震危险性差异导致的逆向选择：地震一般发生在各板块、各活动块体及其次级块体的边界断裂带上，这些地区发生破坏性地震的概率较大，单位企业或个人购买地震保险的欲望会比较高；而在地震活动不活跃的区域，企业或个人则不愿意购买地震保险。因此保险公司推出的地震保险往往面临大量的高风险客户。

推行地震保险同样也面临道德风险问题，有投保人、保险人、地方政府方面。1）投保人的道德风险：即投保人利用自身的信息优势，诱导保险人达成某种协定并期望以此获得自身的额外收益。例如，我国农村地区住宅等财产分布广泛，农业生产分散，并且经营主要以个体劳动者为主，投保人或被保险人可能利用

---

[1] 王和，王平. 中国地震保险研究 [M]. 北京：中国金融出版社，2013.

保险标的的分散性及保险公司管理的漏洞，虚构保险利益、更换保险标的、夸大地震灾害损失，或将高危住宅进行选择性投保，甚至制造假赔案。2）保险人的道德风险：表现为在签订保险协议的时候，保险人并没有将保险条款和承保条件等向投保人和被保险人如实告知，存在误导投保人的情况；在保险理赔的过程中，保险公司基于对保险条款的熟悉，故意压低损失，少赔或以不符合条款规定为由拒赔等。3）地方政府的道德风险：在个别地区存在政府部门对保险业务活动的不恰当干预行为，如克扣、截留保险费补贴，不规范地索取手续费、佣金等问题，这些不恰当干预行为造成正当保险费收入的减少，或人为升高赔付率，从而增加了保险经营成本。

当然，随着人工智能、区块链、大数据等新型技术在保险行业的应用，也逐渐出现了智能合约等一系列新技术，保险所面临的信息不对称问题也正逐渐被消除。

## 三　地震保险的作用

地震保险的作用不仅仅体现在地震灾害发生后的补救阶段，其实施过程对于地震风险管理、平滑财政波动、提高民众地震风险意识等都产生积极作用。

### （一）有利于建立科学的地震风险管理体系

随着社会经济的发展及城市化进程的加快，现实中的风险因素越来越多，地震可能造成的损失也越来越大。如何把周遭环境中存在的（地震）风险降到最低，是人们关心的。因此，风险管理的必要性和迫切性也越来越被人们所重视。

从风险管理的角度看，面对地震风险，常见的处理方法有四种：风险规避、风险控制、风险转移和风险自留。

风险规避是指单位、家庭或个人主动地避开损失发生的可能性。完全规避地震风险，意味着人们需要全部迁徙到大地震发生概率很低，甚至不会发生大地震的区域。而人类社会的活动区域中大多数都具有发生大地震的可能性，仅因存在地震风险就付出更大的代价进行大迁徙，放弃适宜居住的地区和已有的经济成果，这显然是不现实的。另外即使回避了地震风险，却有可能要面对新的风险，例如，为了回避地震风险，从河北唐山搬迁到福建东南沿海地区后，又会面临台风风险等。不过部分的转移则是具有可操作性的，例如，一些重要的企业可以基于国家发布的地震区划图，将工厂迁至地震风险较低的区域以减小可能的地震损失。

风险控制是指国家、单位或家庭制定计划并采取预防措施，以减小风险发生时的实际损失。其又可以分为预防性损失控制和灾后损失控制（减损）。预防性损失控制主要是减小实物的易损性；例如，加固建（构）筑物，使用较好的抗震材料，并以立法的形式明确房屋结构和抗震性要求，使得建（构）筑物符合所在地的抗震标准，避免出现较大的人员和财产损失。灾后损失控制包括政府平时准备救灾预案、储备物资，进行灾害应急训练等，一旦灾害发生，进行及时和科学的救灾，帮助人民群众减少和挽回损失。

风险转移是指企业、家庭或个人通过制度安排，把自己面临的风险全部或部分转移出去。通过转移风险而得到财产保障，是企业或家庭运用范围最广、最有效的风险管理手段。风险转移分为两种，一种是集体分担风险转移，另一种是市场风险转移。前者是现阶段我国地震风险管理的主要手段，当政府利用公共资源进行地震灾后救援和损失补偿时，相当于把灾区的部分损失分摊到全国范围、全体纳税人身上。另外，如果一个国家和地区足够大，具有一定的区域性风险分散的可操作性，以政府的名义设置地震风险基金，通过地震灾害发生之前的资金积累，形成应对灾后救援和重建的资金池，也属于集体分担风险转移。市场风险转移则是通过合同、协议等灾前预案，将损失的法律责任转移给第三方，是一种灾前确定好的财务安排。在应对地震风险时，典型的风险转移工具就是地震保险。

风险自留是指用自有财产承担风险损失。一般只有在可能的损失在承受范围之内，且自己承担全部或部分风险比风险转移更划算的时候，才会采取风险自留的处理方式。即，该方法一般适用于发生概率小、损失程度低的风险。对于一些小的灾害，政府、企业或居民还可以应付；但当真正的巨灾发生，风险自留显然不是一种好的做法。

对于地震风险这种特殊的巨灾风险来说，回避风险、控制风险及自留风险这三种风险处理方式都很难行得通。因为地震风险是一种系统风险，在一定区域和时间段内是不可能彻底转移和规避的。控制风险和自留风险均不适用于单位或个人。因此，从风险管理的角度看，只剩下风险转移适用于地震风险管理。而在风险转移的做法中，地震保险无疑是极有优势的一种工具。因此，地震保险是单位或个人进行地震风险管理的必然选择。

现阶段我国地震风险管理主要以政府救助为主。尽管政府救助、财政补贴或者慈善救助在巨灾特别是地震灾害发生后扮演着十分重要和积极的作用，但其功能和定位在整个巨灾和地震风险管理体系中缺乏一贯性、系统性和可预期性。在没有制度保障的情况下，仅靠国家和社会的善心，震后救灾和恢复都显得杯水车薪。

地震保险是市场经济条件下国家自然灾害风险管理体系的重要组成部分，能够在国家综合减灾体系中发挥重要作用。地震保险可以缓解灾后政府救助的财政压力，尽可能少地影响原先制定的经济发展政策。地震保险以合同和契约为依据，能确保损失补偿落实到位，兼具公平与效率。地震保险还能通过费率和条款的调节机制，正向鼓励人们采取防灾防损的措施，有利于全社会减少损失。此外，相比政府救援的低保障，人们可以购买保额充分的保险，获得更为充分的保障和损失补偿。因此，事前对经济活动进行安排、事后补偿可预期的地震保险是十分理想的地震风险管理工具。

总之，保险业本身就是经营风险业务的，因此针对地震保险的承保方一方面会尽最大的努力减少地震灾害造成的损失，另一方面保险公司还会通过保险业的经验技术和人才、数据处理等方面的优势将客户的同类风险集中起来，通过收取保费和获取财政支持等方式建立地震保险基金，将地震风险最大可能分散出去，有利于通过市场化运作来建立和完善地震风险的管理体系。

### （二）缓解政府财政支出压力，协助救灾

由于地震具有破坏力大、难以预测的特点，个人经历重大地震会造成身心创伤和财产损失，特别是房屋受损的重建成本会使得财务负担加剧；企业也因地震破坏常常遭受生产要素下降、营业中断等经济损失。

目前，我国政府在应急救灾中承担着主要责任。例如，2008年汶川地震发生后，政府相关职能部门，在第一时间组织应急救灾，短时间集结数以万计的解放军和民兵等参与抢险和救援，调集大量救灾物资为灾民提供补给，调动部署医疗资源为伤病人员提供紧急医疗救助，挽救更多生命，并有效避免灾后瘟疫泛滥。若非政府强有力的领导，任何保险公司、慈善组织和个人都不可能在短时间内调动这些资源，完成地震发生后的紧急救援。因此，政府在灾中应急救援方面，有着无可替代的优势。相比一般组织和个人，政府更具公信力，能够实现较长周期的财务周转，承担巨灾风险和大型地震损失的能力更强。

但是，过度依赖政府救灾存在明显的弊端。首先，政府对于这种发生概率

小但灾害损失大的风险很难制定完善的预案，准备足够的财政预算。国家和地方财政往往提前做好预算，规划好资金平时的投放的方向；发生灾害后，政府需要依靠内部资金挪移来应急，必然使得原先既定的财政和投资计划受到干扰，从而增加了政府财政的负担，甚至影响国家的经济政策。因此，政府救助的机会成本较高。同时，因政府包揽灾后重建工作，使得原本能够进入这一领域的投资被挤出。其次，政府救灾和援建的资金来自国家和地方财政，随着风险暴露的积累、物价水平的上涨，政府的救助金额水涨船高，对财政形成压力。第三，政府的灾后救助工作因为不属于商业合同范畴，落实补偿工作时相对容易缺乏依据和监管，可能存在发放不公平、权力寻租等问题，导致真正有需要的地区和群众获得的支持少；并且由于政府财政支持资金有限，到位周期长，可能在很大程度上延缓灾区重建的工作。第四，由政府救助的习惯可能导致人们形成依赖，缺乏主动进行风险防范的意识，减小购买保险的需求，产生负面激励。因此，尽管政府救灾在任何国家、在任何大灾面前都十分必要，但过度依赖政府将会给经济发展带来负面影响。

保险作为社会"稳定器"、经济"减震器"和"助推器"，是风险转移的有效金融手段。保险机制一方面能够快速定损和理赔，以相对固定的保费支出，或者长期积累的保险准备金赔付，有助于灾后个人和企业快速恢复生活和生产；另一方面，商业保险公司凭借自身网络机构、风险精算、风险控制和资金管理等方面的优势，利用金融市场的力量，发挥保险的杠杆作用，提高财政投入使用效率，实现政府对巨灾保险财政投入的放大效应，从而分散巨额损失和稳定财政支出，保证财政预算的计划性和连续性，显著减少公共债务的波动性，进而维护国家金融的安全和稳定。

因此，如果能够建立起地震保险制度，使之正常运转，政府就可以通过保险机制和市场化运作将财政补贴和地震保险基金用于地震灾区。地震保险在地震发生后可以赔付受灾的家庭和企业，大大减轻抢险救灾和重建工作对财政收支的压力，保证国家信贷计划不致受到大的冲击，有效地缓冲政府财政负担；可以充分发挥财政资金的使用效率，增强灾区的救助效果，让受灾人口在较短的时间内得到救助，让灾区快速地恢复重建。

此外，地震灾害的破坏力强、影响范围广、经济损失大，如果处理不得当很容易引发社会问题，从而影响抢险救灾的进程。地震保险在地震发生后及时、充分地给受灾的群众经济理赔，可以起到安定民心、协助抢险救灾的作用。

### （三）有利于运用再保险机制分散地震风险

与其他巨灾保险不同，地震保险因其历史数据不充足，风险单位之间关联性高，且具有显著的风险累积和巨灾属性，不符合传统的可保风险的理想条件。这导致保险公司经营地震保险非常谨慎，保险供给不充分，加剧市场失灵。另外，地震造成的经济损失是巨大的，在遇到重大地震灾害时，如果仅通过保险公司来承担全部的经济赔偿，是不现实也不可持续的。

再保险就是帮助保险公司突破可保风险理想条件限制的重要工具，可以通过对保险公司的地震灾害险进行承保使得保险公司的风险分散出去。再保险是"保险的保险"，以合同形式约定，发生保险损失后，由承接再保险业务的再保险人分担分出再保险业务的原保险公司的赔偿责任。

通过再保险机制的作用，能够帮助经营地震保险的原保险公司显著提升财务和经营的稳定性；将地震风险在更大地域范围内进行扩散，实现跨地域、跨险种的风险分散；将风险池内的异质风险同质化，为经营地震保险的原保险公司的赔偿责任设定上限，防范相关性导致的风险累积和巨灾赔偿等。上述功效，使得地震风险得以突破可保风险的理想条件，可以促进和实现地震保险的充分供给。

### （四）提高民众的地震风险意识

一直以来，大众对地震灾害的风险意识非常薄弱，侥幸心理使得大众觉得地震离自己很远。而地震保险制度建立以后，可以在鼓励居民投保的过程中，增强民众的地震风险防范意识。在具体的投保过程中，单位或个人要先梳理自己的需求，设计保障方案。完成此工作的一个途径是自行上网搜索相关的保险知识，网络可提供的信息量很大，但也很零散，投保人自行搜索比较耗时间，也不容易建立系统的概念，不过这种方式还是可以帮助人们对地震风险有初步的了解。另一个比较便捷的途径则是由专业的保险代理人给投保人提供系统的分析和讲解，实时解答投保人的疑问。由于保险公司长期和各种灾害和风险打交道，有丰富的抵抗风险的经验和能力，可以帮助和指导投保人采取积极的预防措施，消除隐患。在此过程中，一方面可以帮助承保人建立正确的保险理念，另一方面通过宣传普及地震知识，可以提高人们对地震的认识，提高防范意识和震后自救能力，实现地震保险制度的社会效益和经济效益。另外，保险公司还可与地震相关研究机构进行地震信息的交流，完善抗震设防的方法，对受保人所在地的房屋财产进行有效的抗震设防。总之，地震保险业务的开展，有利于促进防震减灾对策的研究，宣传和普及防震知识，扩大地震保险覆盖面，对防震减灾工作也有一定的促进作用。

此外，地震保险还具有经济理赔作用。个人和中小企业很难承受大地震发生后造成的经济损失。购买了地震保险的受保人可以及时在震后获得保险责任范围内的赔偿，这可以保障家庭或企业的恢复和重建，保障社会稳定。

地震保险还具有一定的心理保障作用。地震保险以相对较低的保费在地震发生后为买保者提供经济赔付，解决人们对地震风险的担忧。

# 第 三 章

# 国际及我国台湾地区
# 地震保险制度

GUOJI JI WOGUO
TAIWAN DIQU
DIZHEN BAOXIAN
ZHIDU

地震灾害是全球性的，常给人类社会带来极大的灾害，造成的人员伤亡和损失数目惊人。在当前的科研水平还不能准确预测预报地震的前提下，面对巨大的地震损失，多个国家、地区的政府机关也一直在积极探索、开展地震灾害风险管理，尤其是对地震保险制度建设的探索。地震发生后，除了由政府负责进行经济补偿和灾后重建，通过地震保险进行经济补偿的作用和效率不容忽视。

世界各地震多发国家和地区经过长期的实践探索，建立了较为完善且适合应急管理发展需求的地震灾害保险体系，对于我国地震保险制度的建设具有很好的借鉴作用。

# 一 日本的地震保险

## （一）日本地震保险的发展历程

日本岛位于太平洋板块和亚欧板块交界处，处在世界三大地震带之一的环太平洋地震带上，地震活动十分频繁，是世界上地震灾害最严重的国家之一，也是目前世界上地震保险制度建立相对完备的国家。

由于频发的地震，日本社会及学界很早就有关于地震保险的讨论。但是由于地震具有造成损失巨大、难以预测发生时间和频率、受灾范围广等特点，早期研究普遍认为其违反了大数法则，加上一定的法律制约以及其他因素的共同影响而不能承保，因此早期日本的地震保险制度始终没有建立起来。

1964 年 6 月 16 日发生的 M7.5 级新潟地震，对日本造成了巨大的破坏。地震发生后，日本政府和民众对地震风险非常重视。日本政府多次召开保险审议会，对开展地震保险的可行性、保险标的及保险责任、如何防止逆向选择问题、地震保险金额和总赔付限额、政府在地震保险实施中的作用等相关地震保险制度建立的难点和重点问题进行了多次讨论并最终达成一致，直接促成了日本地震保险制度的诞生。

1966 年日本国会制定了《地震保险法》和《地震再保险特别会计法案》，初步建立了日本地震保险体制，为地震保险制度的推行奠定了法律基础。这一时期的法律条文规定地震保险作为住宅综合保险以及店铺综合保险的附加险自动附加；保险标的仅限于住宅建筑和生活物品，但价值超过 30 万日元的贵重物品不在承保范围之内，贵重物品的损害可以通过选择其他种类的商业保险和其他风险方式来加以分担；地震保险的保额为住宅综合保险和店铺综合保险保额的 30%；另外，也规定了承保限额——房屋 90 万日元，生活物品 60 万日元。

随着社会经济形势的不断变化以及为了鼓励居民投保地震保险，地震保险产品也经过了多次改进，包括：增加能够附加地震保险的主险险种、扩大保险责任范围、修改保险费率及提高承保限额和总赔付限额等。

20 世纪 70 年代，日本地震保险制度的主要变化是：增加了主险的险种，并改变了地震保险的附加方式。20 世纪 60 年代，地震保险是作为住宅综合保险以及店铺综合保险的附加险自动附加的，能够附加地震保险的险种仅为住宅综合保险和店铺综合保险两种，并且采取自动附加的方式，相当于强制性的捆绑要求，投保人没有选择的余地。1972 年日本政府对《地震保险法》进行了修改，允许长期综合保险和建筑物更新保险也能附加地震保险，附加方法由自动附加改为原则自动附加。为了促进地震保险普及和满足投保人的需求，1975 年又将主险险种扩大至住宅火灾保险、普通火灾保险、简易火灾保险、火灾相互保险、到期返还长期保险等几乎所有家庭领域的保险，附加方法为任意附加。

到了 20 世纪 80 年代，日本政府对地震保险制度进行了大幅修改，包括，扩大保险责任范围、变更附加方法、提高承保限额以及修改保险费率。其中最主要的变化就是关于保险责任及赔偿内容，在全损补偿的基础上，又引入了半损补偿，即：损坏程度 100%，赔付 100%；损坏程度 50%，赔付 50%；另外，损坏程度超过 50%，但是没达到全损（例如，损坏程度 70%），也按照半损的标准来赔偿保险金。引入半损补偿以后，保险费率也随之变化。而由于半损补偿、投保比例和承保限额提高的影响，总赔付限额也随之被调增。

20 世纪 90 年代，日本地震保险制度变化主要体现在保险责任、保险费率和承保限额三个方面。保险责任的变化主要为：在半损补偿的基础上，引入了部分损补偿。引入时规定，建筑物及生活物品发生部分损失时，按保险金额的 5%赔付。另外，还将生活物品的半损赔付比例提高到了保险金额的 10%~50%，并进一步调增了承保限额和总赔付限额。

进入 21 世纪以来，日本地震保险制度最明显的变化为：引入了保险费率折扣制度（引入了抗震等级指标，对抗震性能高的住宅及所容纳的生活物品实行了保险费率折扣制度）；政府为巨灾保险提供再保险支持、税收优惠和风险溢价费率核定服务。日本政府于 2006 年建立地震保险个人所得税抵免制度，为鼓励居民投保，对投保纳税人予以最高 5 万日元的个人所得税和 2.5 万日元个人居民税的免除。另外，保险费率的计算越来越科学（2005 年发布概率地震动预测地图，成为地震保险费率计算的依据），总赔付限额进一步提高，并且，为了保证地震保险的公益性，日本政府规定各保险公司必须使用由日本非寿险费率厘定机构给出的基准费率。依照地震活动等数据的更新，地震保险也做出相应调整，2017年1月进行了一次新的调整，日本全国各地的保费平均上涨率达19%。截至2018年年底，日本全国地震保险的平均投保率约为32.2%。

### （二）日本地震保险制度的基本内容

在日本现行的地震保险制度中，家庭财产地震保险和企业财产地震保险是分开的两个保险种类。其中，家庭财产地震保险以火灾保险的附加险的形式承保（必须先加入火灾保险，才能加入火灾保险附带的地震保险），由商业保险公司和政府共同参与，具有非商业性，投保期限分为短期（如果有些地区已经发出地震警报，则该地区不能再购买地震保险）、一年期和长期（2~5年）；而企业财产地震保险则仅由商业保险公司提供，政府不作为承保主体承担保险责任，属于商业性的保险。

#### 1. 家庭财产地震保险

（1）保险标的

日本家庭财产地震保险的标的为用于居住的建筑物（工厂或用于办公的建筑则不在承保范围）及生活物品。其中建筑要求全部或者部分在使用中的；生活物品包括家具、衣物以及其他生活必需品。但是，每件价值30万日元及以上的宝石或古董、贵金属、珍珠、书法绘画作品、珊瑚、琥珀、象牙制品、书画、艺术品等以及汽车、有价证券、邮票、印纸等不在保险标的范围内。

（2）承保范围

日本家庭财产地震保险的责任范围包括地震及由地震引起的火灾、掩埋、洪水、火山喷发、海啸等直接或间接给保险标的造成的损失。这些损失主要可分为地震所造成的保险财产直接损失、埋没损失、火灾损失和冲毁所造成的损失。其中，埋没损失是指地震发生时由于建筑物倒塌等原因所造成的保险财产被埋没的损失；火灾损失是指由地震引起的火灾所造成的保险财产损失；冲毁损失是指由地震引起的堤坝破裂、决口等导致保险财产被冲毁的损失。另外，家庭财产的损失程度需要达到全损、半损或部分损失的标准（2017年以前）。全损是指房屋建筑主要结构（地基、房柱、墙壁、房顶）的损坏达到50%以上，或建筑总面积的70%以上遭到损坏；生活物品的损失达80%以上。半损是指房屋建筑主要结构（地基、房柱、墙壁、房顶）的损坏在 20%~50%，或建筑面积损坏达 20%~70%；生活物品的损失达 30%~80%。部分损失是指房屋建筑主要结构的损坏达 3%~20%，或由地震引发的洪水浸没地板或超过地面 45cm 以上；生活物品的损失达 10%~30%（表 3-1）。2017 年对建筑物损害程度进行了修改，由原来的三个分区标准（全损、半损、部分损失）修改为 4 个分区标准（全损、大半损、小半损、部分损）（表 3-2）。

**表 3-1　保险财产损失程度（保单的生效日期为 2016 年 12 月 31 日及以前）**

| 损失程度 | 住宅建筑 | | 个人财产 |
|---|---|---|---|
| | 主体结构的损失程度 | 烧毁或被冲走的楼面面积（当住宅建筑被淹没时，部分损失适用于楼面以上） | 个人财产的损失或损坏程度 |
| 全损 | 住宅建筑损失达到当前价格的 50% 或以上 | 占住宅总建筑面积的 70% 及以上 | 个人财产在当前价格下的 80% 及以上 |
| 半损 | 住宅建筑损失在当前价格的 20%~50% | 占住宅总建筑面积的 20%~70% | 个人财产在当前价格下的 30%~80% |
| 部分损失 | 住宅建筑损失在当前价格的 3%~20% | 虽然住宅遭到了破坏，但损失并没有达到全损、半损或部分损失的程度。但洪水浸没地板或超过地面 45cm 以上 | 个人财产在当前价格下的 10%~30% |

注：当前价格指从新建筑的价格中扣除按服务年度计算的折旧额。

**表 3-2　保险财产损失程度（保单的生效日期为 2017 年 1 月 1 日及以后）**

| 损失程度 | 住宅建筑 | | 个人财产 |
|---|---|---|---|
| | 主体结构的损失程度 | 烧毁或被冲走的楼面面积（当住宅建筑被淹没时，部分损失适用于楼面以上） | 个人财产的损失或损坏程度 |
| 全损 | 住宅建筑损失达到当前价格的 50% 或以上 | 占住宅总建筑面积的 70% 及以上 | 个人财产在当前价格下的 80% 及以上 |
| 大半损 | 住宅建筑损失在当前价格的 40%~50% | 占住宅总建筑面积的 50%~70% | 个人财产在当前价格下的 60%~80% |
| 小半损 | 住宅建筑损失在当前价格的 20%~40% | 占住宅总建筑面积的 20%~50% | 个人财产在当前价格下的 30%~60% |
| 部分损失 | 住宅建筑损失在当前价格的 3%~20% | 虽然住宅遭到了破坏，但损失并没有达到全损、半损或部分损失的程度。但洪水浸没地板或超过地面 45cm 以上 | 个人财产在当前价格下的 10%~30% |

（3）承保限额

日本家庭财产地震保险是作为火灾保险的附加险而由民间保险公司与政府共同承保的。由于政府财政和保险公司承受能力的限制，家庭财产的地震保险采取限额承保方式。《地震保险相关法律》规定：地震保险的保险金额相当于主险（火灾保险）的30%~50%；同时还规定了建筑和生活物品的保险金额上限分别为5000万日元和1000万日元。2021年作了修改，承保限额为每次地震最高赔偿12万亿日元。

（4）地震保险费率

《损害保险费率算出团体相关法律》将地震保险费率确定为基准费率，规定地震保险基准费率包括基本费率、折扣费率和长期系数。家庭财产地震保险的保险费率是分地区（根据地震的特点，参考长期积累的有关数据来确定不同区域的地震危险性，日本国土分为4个等级）和分房屋结构（住宅分为木结构和非木结构两类）分别计算的；同时，根据建筑物新旧程度、抗震等级的不同在标准费率基础上按一定比率进行修正，使地震保险费率根据其所在区域、房屋构造及年限、抗震等级等因素而有所不同。损害保险费率算出团体先基于上述情况厘定出基准费率，后呈报给金融厅，经过一系列的审查手续后，最终确定下来。由于在日本，家庭财产地震保险是非商业性的，地震保险费率的设定遵循不盈利不亏损的原则。因此没有在保险费率中加入保险公司的预期利润，整体上保险费率是比较低的。根据最新的震源分析模型以及地震区划图，日本政府于2017年1月1日起调高住宅地震保单的费率，平均为5.1%。地震保险长期（2~5年）合同的保费率则为基本费率乘以长期系数（表3-3）。

表3-3　日本地震保险费率的长期系数

| 合同期 | 长期系数 |
| --- | --- |
| 2 年 | 1.90 |
| 3 年 | 2.85 |
| 4 年 | 3.75 |
| 5 年 | 4.70 |

（5）地震保险赔偿

日本将地震造成的家庭财产损失程度分为四个等级：全损、大半损、小半损及部分损失（2017 年以前损失程度为三个等级：全损、半损、部分损）。根据家庭财产损失程度的不同，地震保险赔付方法也不相同（表 3-4、表 3-5）。如地震导致的家庭财产损失被判定为全损，则按照地震保险金的 100% 理赔，但不能超过最大赔偿限额。如果财产损失属于大半损的，则按照地震保险金的 60% 理赔。如果财产损失属于小半损的，则按照地震保险金的 30% 理赔。属于部分损失的，则按照地震保险金的 5% 理赔（表 3-5）。如果损失的程度小于部分损失，则保险公司不需要进行赔偿。为了保护居民家庭的利益，使其在地震发生后能够通过保险渠道获得帮助，如果承保家庭财产地震保险的保险公司破产，其承保的业务由其他各保险公司分担。

**表 3-4 地震保险赔偿（保单的生效日期为 2016 年 12 月 31 日及以前）**

| 保险对象 | 损失程度 | 保险赔偿金额 |
| --- | --- | --- |
| 住宅建筑及个人财产 | 全损 | 投保金额的 100%（不超过保险标的的当前价格） |
| | 半损 | 投保金额的 50%（不超过保险标的的当前价格） |
| | 部分损失 | 投保金额的 5%（不超过保险标的的当前价格） |

注：当前价格指从新建筑的价格中扣除按服务年度计算的折旧额。

**表 3-5 地震保险赔偿（保单的生效日期为 2017 年 1 月 1 日及以后）**

| 保险对象 | 损失程度 | 保险赔偿金额 |
| --- | --- | --- |
| 住宅建筑及个人财产 | 全损 | 投保金额的 100%（不超过保险标的的当前价格） |
| | 大半损 | 投保金额的 60%（不超过保险标的的当前价格） |
| | 小半损 | 投保金额的 30%（不超过保险标的的当前价格） |
| | 部分损失 | 投保金额的 5%（不超过保险标的的当前价格） |

注：当前价格指从新建筑的价格中扣除按服务年度计算的折旧额。

由于家庭地震保险涉及政府赔偿责任，如果发生大地震，政府很有可能会动用到国家财政进行损失赔偿，因此政府承担的家庭财产地震保险责任的限额每年都要提交国会审议，并提取这个限额的一定比例作为地震风险准备金。在平常年份，政府作为再保险人支付保险赔偿后的剩余部分，以及商业保险公司保费扣除保险赔偿和经营费用后剩余的资金，都全部结存作为地震风险准备金，以备将来发生大地震时使用。为了保障地震风险准备金的安全和流动性，发生地震后能够及时提取出来赔偿家庭财产损失，地震准备金只能用于购买政府债券。

### 2.企业财产地震保险

与家庭财产地震保险不同，日本的企业财产地震保险属于商业性的保险。私人的商业保险公司是企业财产地震保险的承保主体，日本政府不作为承保主体承担保险责任。地震造成的损失完全由企业投保的商业保险公司承担赔偿责任，政府并不参与赔偿。

但是这并不意味着政府不介入企业财产地震保险。日本政府通过审批保险公司经营的保险种类和检查保险公司偿付能力这两种方式对企业财产地震保险进行监管。

企业财产地震保险费率由具有经营资格的私人保险公司自行设定，私人保险公司可以参考政府规定的地震再保险费率水平，也可以按照自己的风险管理模式进行设定。同家庭财产地震保险一样，企业财产地震保险的保险费率也根据不同地区、建筑的不同结构而不同。另外，由于私人保险公司的承保能力有限，企业财产地震保险作为火险的附加险限额承保，即使地震导致企业财产全部损失，私人保险公司也只赔偿全部损失的一部分。

### （三）日本地震保险制度的运行模式

由于地震可能造成的损失非常巨大，商业保险公司的承保能力有限，因此日本的家庭财产地震保险采取的是商业保险公司与政府共同承担保险责任的运行模式。另外，为了分散保险赔付风险，保险公司普遍采用再保险的方式将大量集中的风险转移出去，以保证保险公司能顺利经营下去。日本地震再保险株式会社（JERC：Japan Earthquake Reinsurance Company）由此成立，并负责具体操作。

日本的地震保险流程大致为：投保人向财产保险公司（直保公司）购买地震保险（地震保险是附加在火灾保险上的），并签订地震保险合同；财产保险公司在JERC进行再保险；JERC将收到的保费进行再保险安排，划分为三个部分：根据一定的比例，将一部分进行再再保险，将风险转移给政府；一部分通过再分保又转分给原保险公司；最后剩下的一部分作为自留风险。可见，JERC是日本地震保险制度的核心机构，它把保险公司、再保险公司及政府的力量集中在一起，共同承担地震风险责任，形成一个直保公司、再保险公司、政府三位一体的地震风险承保共同体。

当地震发生后，地震再保险公司会根据规定进行责任的分配，2012年4月日本对赔付标准进行了最新一次的调整，调整后的赔付标准为：损失在1040亿日元以下的称为一级损失，由原承保的财产保险公司和日本地震再保险公司承担全额赔偿责任；在1040亿~6910亿日元之间的损失称为二级损失，超过1040亿日元的部分由原承保的财产保险公司和日本地震再保险公司共同承担50%，政府承担50%的赔偿责任；超过6910亿日元的损失称为三级损失，超过6910亿日元的部分由原承保的财产保险公司和日本地震再保险公司共同承担1.6%，政府承担98.4%的赔偿责任。但当一次地震保险事故的损失超过最高赔付限额，将计算最高赔付限额和损失总额的比例，然后按比例来进行保险金的赔偿，最高赔付总额为12万亿日元。日本地震保险的保险金额以火灾保险主契约的30%~50%为限；居住用建筑物的保险金额上限为5000万日元，生活物品以1000万日元为限。

为了进一步分散地震风险，日本还积极发挥资本市场的作用，通过推行巨灾保险证券化将巨灾风险从保险市场积极向资本市场转移。如1997年以后，东京海上保险公司、东京迪斯尼乐园等企业发行了数十亿美元的巨灾证券（包括地震债券），以分散巨灾风险。保险公司得到投资者的资金后，可以开展更多的地震保险业务，扩大了地震保险的覆盖面，积累了更多的地震保险基金，增强了应对地震风险的能力。

### （四）日本地震保险的特点

#### 1. 以法律法规形式确定地震保险制度

日本是地震多发国家，关于地震保险民间虽然早有讨论，但是日本地震保险制度的正式实施是通过一系列法律法规逐步建立起来的。1966年日本国会制定并公布了《地震保险相关法律》和《地震再保险特别会计法案》，初步建立了日本的家庭财产地震保险制度。此后，日本政府又颁布了《地震保险相关法律施行令》等配套政令，以及《地震保险相关法律的实施规则》和《关于地震保险的再保险金额的概算与支付的省令》等一系列实施细则。在地震防灾方面，日本国会立法有《大规模地震对策特别措施法》（1978年）和《地震防灾对策特别措施法》（1995年修订），这些法律都配有相应的施行令（政令）和施行规则（省令）。在支援受灾人员方面，日本还制定了《受灾者生活再建支援法》（2007年修订）。上述地震相关法案、施行令、实行细则规定了地震赔偿方法、承保限额、再保险、会计处理以及相关防灾、救灾等具体内容，使日本地震保险制度的运行能够得到强有力的支持和维护，具有更大的权威性[1]。

### 2. 政府主导性

从 1966 年日本地震保险制度建立至今，日本一直推行政府参与的地震再保险方式，形成一个商业保险公司、再保险公司、政府三位一体的地震风险承保共同体；政府在当中发挥了主导作用。

政府协调保险公司和居民的关系，充分考虑商业保险公司、再保险公司和投保居民的利益。政府充当最终保险人的角色，承担了大部分的再保险责任。对于大地震的超大损失，由地震再保险公司以超额损失再保方式分保给政府，以解决商业保险公司难以承担的问题，由政府负责最后的兜底，而且发生的地震损失越大，政府承担的责任相应也越大。政府和民间保险公司的地震保险责任分担明确，各自承担的责任在《地震保险相关法律》施行令中有明确的规定。通过这一规定，地震保险的风险被限定在各保险主体的风险承受能力范围之内。

另外，日本政府也为商业保险公司提供财政支持和税收优惠，鼓励商业保险公司经营地震保险产品。为了鼓励民众购买地震保险，日本政府也出台了一系列政策，让民众可以用较低廉的保险费参与地震保险，增加民众的购买意愿，从而提高地震保险的普及率，使得地震风险在更大范围内分散。

### 3. 分类保险

日本地震保险制度的另一个显著特点是：将家庭财产与企业财产进行严格区分。对于家庭财产实行商业性保险与政策性保险相结合，以政策性保险为主的保险制度；而对企业财产则实行完全意义上的商业保险制度，地震造成的企业财产损失仅由私人保险公司承保，保险费率和承保限额由私人保险公司自行决定，政府只起监管作用。

将家庭财产优先于企业财产加以保护有利于灾后人民生活生产的快速恢复，维护社会稳定。

## （五）日本地震案例：3·11 东日本大地震

### 1. 灾害概况

2011 年 3 月 11 日，在日本东北部以外的太平洋海域发生了 $M_w$9.0 级大地震，震中位置 142.6° E，38.1° N，位于日本宫城县以东海域（图 3-1），震源深度约

---

[1] 史本叶，孙黎. 日本地震保险制度及其借鉴 [J]. 商业研究，2011（09）.

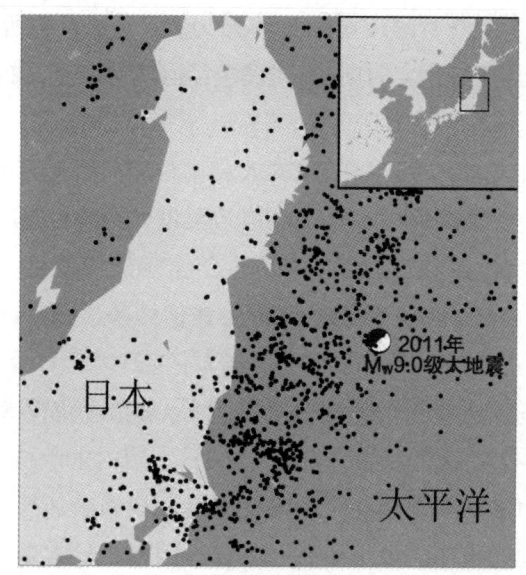

图 3-1　日本东北地区和邻近海域地震震中分布

20 千米。这次地震的震级位居全球有地震记录以来所有地震的第 5 位，也是日本有史以来遭遇的破坏性最大、受灾范围最广的地震。地震破裂达 300 多千米，纵贯宫城县、福岛县和茨城县（日本的"县"概念相当于中国的"省"）。地震烈度在Ⅵ弱（相当于我国地震烈度表上 X～XI）以上的有 8 个县，分别为宫城县、福岛县、茨城县、栃木县、岩手县、群马县、埼玉县和千叶县。地震发生后，又发生了多次余震，其中 7 级以上的强余震就有 4 次，如此剧烈的地震，造成了十分严重的破坏。

　　强烈的地震除了直接造成的巨大破坏，还引发了巨大的海啸，造成核泄漏等次生灾害，对日本东北部岩手县、宫城县、福岛县等地造成毁灭性的破坏。其中地震引起的海啸波及范围很广，南至千叶，北至青森，造成的土地淹没面积高达 410 平方千米。海啸高度在福岛县达到最高，约 21 米，相当于 7 层住宅楼的高度。此次地震造成的核泄漏对当地更是致命性的打击，造成了严重的社会恐慌和生态环境污染。随着核泄漏险情的不断发展，灾民们虽然被救援部队转移到相对安全的地带，但是核辐射造成的环境污染仍然影响着世界其他国家。此外，这次地震还造成了日本炼油厂发生火灾，导致日本支柱工业和货运物流陷入瘫痪局面。

### 2. 灾害损失

　　据统计，3·11 东日本大地震及其引发的二次灾害共造成两万多人死亡，两千多人失踪。震后避难所的民众扩增至 55 万人，造成避难所供不应求的局面，并且灾区严重缺乏食物、水、衣服等居民生活必需品，造成的经济损失更是不计其数。

地震造成了日本自二战以后最大的人员伤亡和前所未有的经济损失，造成了日本经济发展的持续倒退，对日本经济乃至世界经济都造成了重大的冲击。此次地震对日本经济的影响远远超过 2008 年全球经济危机。日本政府于 2011 年 3 月 23 日发布的东日本大地震经济损失评估结果，预计此次地震及其引发的二次灾害给日本造成的直接经济损失在 16 万亿 ~25 万亿日元（相当于 1970 亿 ~3080 亿美元）。随后世界银行的相关报道指出，此次大地震对日本造成的财产损失高达 1200 亿 ~2300 亿美元，相当于损失日本国内生产总值的 3.5%。

除东日本沿海地区企业建筑设备破坏及基础设施破坏外，此次地震对日本的产业造成了巨大的破坏。由于核泄漏等各种因素，日本多家著名企业也相继停产，例如汽车行业、电子行业、制造行业等。据日本东京商工会议所调查，日本因震灾而受到影响的企业高达 92.7%，特别是半导体企业和汽车企业。震后 2~3 个月内，日本汽车产量减少了一半。2019 年日本学者的研究表明，东日本 9.0 级大地震后日本产业后续经济损失是企业厂房、设备等物理损失的 100 倍。产业及产业链缺乏应对极端事件和地震等巨灾的能力，导致巨大经济损失，也是此次日本大地震的惨痛教训之一。

造成这次大地震损失巨大，长时期难以恢复的重要原因是地震海啸对基础设施的严重破坏。地震海啸摧毁了大量的交通设施、通信设施，导致全日本社会的紊乱。地震对日本的电力供应产生了灾难性的破坏。震后东京电力辖区包括核电、火电和水电在内的 41 座发电站停止发电，发电量降为装机容量的 30%。东北电力辖区包括核电、地热和火电在内的 17 座发电站停止发电，发电量降为装机容量的 55%。日本关东及东北地区大面积停电，尽管 178 小时后电力逐步恢复，但供电量长时期得不到稳定的保障，因此当时采取了限电的措施，居民生活和企业生产受到严重影响。基础设施破坏导致巨大损失与灾难的惨痛教训，使得日本各界高度关注巨灾中基础设施脆弱性问题。东日本大地震除了对日本经济造成严重的损失，同时也对全球贸易的往来等带来了不同程度的影响。

### 3. 保险赔付

地震发生后，灾害模型公司、咨询公司等都对此次地震可能造成的损失进行评估。据美国风险评估公司 AIR 估算，此次地震造成的保险损失可达 150 亿～350 亿美元，相当于 2010 年全球保险业灾害赔偿赔付的总额。表 3-6 为此次地震后的保险赔付情况。

表 3-6　3·11 东日本大地震后，地震保险赔付情况[1]

| | | 全损 | | 半损 | | 部分受损 | | 合计 | |
|---|---|---|---|---|---|---|---|---|---|
| | | 件数 | 比重 | 件数 | 比重 | 件数 | 比重 | 件数 | 比重 |
| 赔付案件 | 居民住房 | 28232 | 3.3% | 96942 | 11.4% | 466173 | 54.6% | 591346 | 69.3% |
| | 家庭财产 | 13990 | 1.6% | 109391 | 12.8% | 138470 | 16.2% | 261852 | 30.7% |
| | 合计 | 42222 | 4.9% | 206333 | 24.2% | 604643 | 70.9% | 853198 | 100% |
| | | / 亿日元 | 比重 | / 亿日元 | 比重 | / 亿日元 | 比重 | / 亿日元 | 比重 |
| 赔付金额 | 居民住房 | 2502 | 20.4% | 4503 | 36.8% | 2712 | 22.1% | 9717 | 79.3% |
| | 家庭财产 | 448 | 3.7% | 1790 | 14.6% | 292 | 2.4% | 2531 | 20.7% |
| | 合计 | 2950 | 24.1% | 6293 | 51.4% | 3004 | 24.5% | 12248 | 100% |
| | | / 千日元 | | / 千日元 | | / 千日元 | | / 千日元 | |
| 赔付单价 | 居民住房 | 8862 | —— | 4645 | —— | 582 | —— | 1643 | —— |
| | 家庭财产 | 3206 | —— | 1636 | —— | 211 | —— | 967 | —— |
| | | 6988 | —— | 3050 | —— | 497 | —— | 1436 | —— |

在这次地震中日本的支柱型企业汽车行业遭到了严重破坏，特别是本田、丰田、雷克萨斯等全球知名汽车行业在地震中遭受到一定的破坏。日本相关媒体方面报道称：东日本大地震发生后包括日本第一生命保险公司、太阳生命保险公司等日本各大保险公司纷纷宣布解除合同当中的免责条款，积极承担保险赔偿的社会责任，并且对外表示保险行业要与国家共度难关。同时，在日本有业务的其他各国再保险公司包括瑞士再保险公司、慕尼黑再保险公司等在此次大地震中也付出了一大笔保险赔偿金。可以说完善的地震保险体系在稳定灾后秩序、促进灾后重建方面起到了举足轻重的作用。

根据日本损害保险协会相关数据报道：东日本大地震总共支付保险金额为104 亿美元，其中商业财产保险公司承担了 51 亿美元。虽然商业财产保险公司

---

[1] 日本地震再保险公司. 地震保险的构成 [M]. 东京：日本地震再保险公司，2012.

在此次大地震中支付的保险赔偿金额比较多，但是大部分商业财产保险公司已经向地震再保险公司购买了再保险业务，所以风险在很大程度上得到了分散，地震灾害也没有致使商业财产保险公司面临破产。

此外，生命保险公司在此次地震灾害中支付了 17 亿美元的损失赔偿金额，各互助机构在此次地震中支付了 76 亿美元的损失赔偿金额。由于各生命保险公司以及互助团体一直都保持着良好的赔付率，并且有日本政府在政策上的支持和税收方面的优惠，所以此次地震也没有导致其面临破产。

## 二 美国加州的地震保险

美国在国家层面并没有针对地震灾害保险的统一管理机制和法律规定，地震保险业务主要是由各州独立管理展开。由于美国的地震灾害主要发生在加利福尼亚州（加州），因此加州地区的地震保险业务相对美国其他州也较为完善。

### （一）加州地震保险的发展历程

美国地震保险业务也是在破坏性地震的催化下产生的，最早可以追溯到 1906 年旧金山地震。由于 1906 年旧金山大地震 80% 以上的损失是由火灾造成的，一些保险公司将地震保险包含在火灾险中销售。随着提供地震保险业务的商业公司的发展，地震保险业务一直在稳步增长。自 1916 年起，地震保险作为一项独立的保险业务开始得到发展，且基本上由商业保险公司提供。

但是在 1989 年发生的 M7.1 级洛马·普雷塔（Loma Pricy）地震和 1994 年发生的 M6.7 级北岭（Northbridge）地震造成了巨额的经济损失和保险赔偿。其中 1994 年的北岭地震是美国有史以来经济损失和人员伤亡最大的地震之一，保险公司的赔付导致了纯商业运作的地震保险陷入了危机。许多保险业者因遭受重大损失和对潜在风险的担心，停止或缩减了地震险的业务，一些没有退出市场的保险业者调整修改了原有的地震保险的条件和范围，造成居民购买地震保险意愿下降。

为此，加州政府于 1995 年出台了相关法律规定：在加州承保房屋保险的保险公司必须提供地震保险。强制出售这种最低标准的地震保险，目的是使加州居民在地震发生时能够得到最低的保障。

但是，这并不是一个非常好的解决方案，保险公司也面临勉为其难的尴尬，地震保险的供给仍然不能得到彻底解决。因此，加州政府重新考虑地震保险制度建设问题，也由此催生了加州地震保险制度，美国政府公共力量开始介入原来的纯商业保险市场。1996 年加州议会审核通过法案，成立加州地震保险局（California Earthquake Authority，CEA），这个组织的性质较为特殊，既不属于政府部门，也不属于商业保险机构，而是政府主导下的具有公共部门色彩的公司化组织，即公办私有的性质。政府主导是指政府特许经营并参与管理，该组织享受免税地位；同时，在加州地震保险局（CEA）发生支付危机的时候，政府对其紧急融资行为予以便利和支持。公司化运作是指加州地震保险局（CEA）是通过市场筹资组建的，即由各保险公司本着自愿的原则，根据其市场份额，参股加州地震保险局（CEA），并承诺在出现极端情况时，按照约定承担一定比例的损失；作为权利，这些公司可以将其承保的地震保险分保给加州地震保险局（CEA），同时，可以获得保费 10% 的销售佣金和 3.65% 的营业费用；不参加加州地震保险局（CEA）的保险公司，则需要独立向客户提供地震保险，并承担相应的责任。截至 2019 年 7 月 31 日，CEA 承保的有效保单为 108.1 万件，投保率为 11.22%；其偿付能力为 175.61 亿美元，其中 CEA 可用资金为 58.74 亿美元；风险转移（传统的超额赔款再保险占 2/3，新兴的风险转移如巨灾债券及抵押权再保占 1/3）额度为 83.2 亿美元；收益债券 7.11 亿美元；保单附加费（以加州政府财政单位为代理，加州地震局最多可发行 10 亿美元的债务，并向保户加收保单附加费作为赔偿的资金来源，每年最高为保单的 20%）10 亿美元。

### （二）加州地震保险制度的基本内容

加州地震保险对居民的财产只提供基本的保障。加州地震保险局向加州居民出售保单，但这种保单承保的不是财产的实际损失，而是有一定限额的，保险人承担的保险责任较小。居民想要购买地震保险必须从加入地震保险局的商业保险公司购买。商业保险公司在经营地震保险时依据地震保险局关于地震保险的政策执行。私营保险公司可以自愿加入地震保险局。但是只要加入地震保险局，就需要将其承保的所有居民地震保单都转移给地震保险局。

投保人可以根据自己的实际情况来选择是否投保。同时，当房屋所有人向保险人投保住宅保险时，保险人有义务告知其有关地震保险的信息，并询问其是否投保地震保险，如投保人在 30 日内未予以答复，视为其拒绝投保地震保险，这样可以保证加州居民有充分的时间进行考虑。

### 1. 承保范围

加州地震保险局的保单是通过其参与的私营保险公司出售的。这些公司在出售房屋保险时向客户提供加州地震保险局的地震保单。保险公司承担因地震造成的房屋以及房屋内的物品损失，或者因地震引发火灾、爆炸所造成的上述财产的损失。承保的财产必须以居住为目的，院落、车库、栅栏等不在承保范围内。地震保险属于自愿、非强制性保险。保障项目分为最低保障和选择保障两种。对最低保障，每家保险公司的地震保险都必须提供。最低保障的内容包括：住宅、动产及住宅因地震损害不能居住期间的生活费用，这种生活费用不得低于 1500 美元。对于选择保障，各家保险公司可以在保险合同中提供，以便投保人选择加保。选择保障的范围一般包括：住宅因结构性损坏所产生的拆除费用，评估震后房屋是否适合居住的评估费，申请重建许可的费用等。相关的理赔事项由私营保险公司进行，在理赔过程中公司也要收取一定的费用。

### 2. 保险费率

为了确保差异化定价，避免保费负担的不公平和逆向选择，加州地震保险采用期望损失的精算费率和 EQE International（全球著名的风险建模公司）及美国地质调查局（USGS）提供的断层与地震模型（基于此地震模型，进行风险区划和定价，将加州划分成为了 19 个费率区）制定保险费率，费率水平从 1.1%~5.25% 变化。地震概率较高的区域对应的地震保险费率较高，反之则较低。

### 3. 保险赔偿限额

地震保险承保支付费用包括三个部分，分别为建筑物的修复和重建费用、额外居住补助费用与紧急修复费用。建筑物最高赔偿限额为 20 万美元；财产修复费用最高限额为 5000 美元；额外居住补助费用的限额为 1.5 万美元。

## （三）加州地震保险制度的运行模式

加州地震保险局 CEA 是一个由私人部门筹集资金，加州政府特许经营的公司化组织，即民间集资政府公开管理经营。加州政府并不对 CEA 提供资助（CEA 累积的准备金也不允许政府挪用以减轻政府财政负担），也不承担责任，但是加州地震保险局必须依法履行职责。目前，加州地震保险局是世界上最大的住宅地震保险的保险人。加州地震保险局主要是由私营企业出资的，其公众管理的特征体现在它的组织领导上，由政府官员和社会公众参与监管。成立加州地震保险局来提供地震保险，是因为地震造成的损失是私营保险公司不愿意承保的，即使有承保的保险公司，保费金额也比较高，大多数加州居民承担不起。虽然地震保险局具有一定的政策性，但实际上，有很多私营保险公司会参与到加州地震保险局的实际运作中。加州地震保险局根据私营保险公司的市场份额来收取一定的经营费用与加入费用。在缴纳相关费用之后，私营保险公司就可以以地震保险局的机制提供地震保险业务。

加州地震保险局作为政策性保险的提供者，州政府并没有在资金方面给予直接的支持。其资金来源主要靠私营保险公司缴纳的费用、自由资金的经营所得等方式。政府对于加州地震保险局的支持主要体现在税收方面。在美国，私营机构要缴纳35%的营业税，政府为了支持地震保险的发展，对这部分税款给予了减免。加州地震保险局还可以依照法律的相关规定来发行公债，加州政府不得加以约束或改变其支付承诺，或侵犯公债持有人权利，或其应得补偿。加州政府还规定地震保险基金须专款专用，以保证地震保险的健康发展。加州政府的法律规定，当加州地震保险基金总额低于3.5亿美元时，或不足以支付赔偿额时，加州地震保险局就可以向参加地震保险共保组织的保险公司紧急征收相关费用，或通过其他渠道筹集资金。

针对地震可能造成的不同程度的损失，加州地震保险局采取的是分层的责任风险分担机制。对于责任的分担，一共分为四个层次：累计损失在10亿美元以内的，由保险公司承担；累计损失在10亿~40亿美元的，先由加州地震保险局用基金经营的盈余进行支付，如果盈余不足以支付保险金，地震保险局可以依职权向保险公司进行摊派，但摊派的最高金额不得超过30亿美元；累计损失金额40亿~60亿美元的，由再保险市场层面承担；累计损失达60亿~70亿美元的，加州地震保险局可以发行加州政府收益公债10亿美元；累计损失70亿~85亿美元的，加州地震保险局可以向资本市场发行额度为15亿美元的地震债券来筹集相关资金。累计损失超过85亿美元的部分，地震保险局可以向保险公司再摊派20亿美元。

加州地震保险通过分层的损失承担机制，可以使地震保险基金尽可能地保值增值。通过债券市场、资本市场、再保险市场的运作，使得地震造成的损失在可承保的范围之内，保障被保险人的利益。

加州对地震保险的风险转移机制主要是通过再保险市场分担份额，以及利用发达的资本市场开发出各种地震保险衍生产品分散风险。该机制充分利用了这两个市场。在再保险市场，加州共分担了约60%的份额，这在世界再保险市场中都是属于比较高的比例。在资本市场,推出了地震保险期货、巨灾保险期权、巨灾保险债权等金融衍生产品,加州地震保险是世界上最早利用金融衍生产品来分散风险的,也是世界上比较成功的例子。如今加州地震保险局的财务状况依然保持良好,索赔能力超过 190 亿美元。

### (四)加州地震保险的特点 [1]

#### 1. 保护消费者权益

1995 年加州政府立法规定:凡是在加州经营房屋保险的保险公司必须同时提供地震保险,即形成一种强制供给的制度安排。作为权利,会员保险公司可以将其承保的地震保险分保给加州地震保险局,同时,可以获得保费 10% 的销售佣金和 3.65% 的营业费用。未参加州地震保险制度的保险公司,则需要独立向客户提供地震保险,并承担相应的责任。加州地震保险制度为半强制性保险,通过强制供给而非强制消费,切实保障投保人的合法权益。

#### 2. 自给自足式财务计划

加州地震保险制度是由私人融资,政府特许加州地震保险局经营并参与管理,参与动作的公司享有免税待遇。就政府财务而言,一方面,加州地震保险局通过参与经营的保险公司筹集营运资金,财政无须投入大量原始资金;另一方面,加州《地震保险法》规定加州地震保险局不承担保险人的任何债务,不存在政府财政风险,由此可见加州地震保险局具有充分的经济独立性。从损失赔偿机制来看,加州地震保险局资金组成含有初始资本金、保费收入、投资收益、借款、参与保险人的资本征收。当地震发生后,扣除一定比例的免赔额后,加州地震保险局采用五层体系进行支付,其中利用再保险市场、保险金融衍生产品、证券化巨灾保险产品分保,利用国际再保险市场如瑞士再保险、慕尼黑再保险进行转分保。一旦加州地震保险局资金链中断或降至某一低点,政府出面,可由代理人国库局为其销售盈余公债,举债融资筹措资金而非动用财政。

#### 3. 保单制定灵活

加州地震保险局为加州居民提供了标配型保单和可选型保单。标配型保单的承保范围包含了以下所有费用:住宅、应急修理、建筑规范升级、易碎品、个人财产、地震造成的使用损失等。在可选型保单中,被保险人可以根据自身

---

[1] 林婷婷,叶先宝. 美国加州地震保险 [J]. 中国金融,2019 (11).

需求，选择是否给个人财产、易碎品以及使用损失等投保。加州地震保险产品形式灵活，在限定的承保额度内，投保人可根据保障范围、投保时年龄、有无等待期或递延期、给付年限长短、是否家庭共保等条件量身定制，所有的报价单必须在获得被保人基本情况的前提下方可报价，几乎难以找到两个完全一样的加州地震保险产品。

### 4. 政产研协同合作

加州地震保险局受加州保险委员会监督，董事会是最高管理机构。加州保险委员会由加州州长、加州财政部长、加州保险监督官、加州众议院发言人（无投票权）和加州参议院规则委员会主席（无投票权）5人组成。由政府官员、会员保险公司及地质科学研究机构共同经营管理。为了确保费率体系差异化定价，避免保费负担的不公平和逆选择，加州地震保险局与风险建模公司EQE International合作，研发地震风险模型，并以此进行风险区划和定价，将加州划分为19个费率区，费率水平1.1%~5.25%。加州地震保险局还有一个顾问团，主要成员由政府代表、参与保险公司代表4人、保险代理人代表组成。目前，已有24家保险公司参加了加州地震保险局，约占市场主体的70%。加州地震保险制度较好地处理了政府与市场在准公共产品供给方面的关系，政府主导并积极参与，采用不同方式予以支持，但不直接经营。最直接的表现就是加州地震保险局既不属于政府部门，也不属于商业保险机构，是政府主导下具有公共部门色彩的公司化组织。政府特许其经营并参与管理，让其享受免税地位；同时，在其发生支付危机的时候，政府对其紧急融资予以便利和支持。私有公办是指加州地震保险局是通过市场筹资组建的，按照公司方式运作，即由保险公司本着自愿的原则，根据其市场份额参股加州地震保险局，并承诺在出现极端情况时，按照约定承担一定比例的损失。

### 5. 采用分层处理技术设立分摊机制

加州地震保险赔偿基金的结构包含：自有资本金、保费收入、再保险安排、风险证券、紧急贷款、投资收益、会员公司的分摊等。加州地震保险制度支付体系的5个层次中，第一层由自有资本、保费收入和投资收益负责；第二层由一般再保险和风险证券化产品负责；第三层由紧急贷款安排负责；第四层由特别再保险负责；第五层由会员保险公司进行分摊。

### （五）美国地震案例：北岭地震

#### 1. 灾害概况

加州是美国地震灾害的重灾区，美国历史上有记载的十个最大的地震中90%发生在加州。1906年旧金山8.3级地震造成700多人死亡，直接经济损失高达5亿美元；1989年旧金山6.9级地震造成270人死亡，直接经济损失高达10亿美元；1994年洛杉矶北岭6.6级地震造成直接经济损失高达300亿美元，损失最为惨重。1994年1月17日凌晨4时31分，洛杉矶（位于美国西海岸，处于环太平洋地震带）北岭地区发生里氏6.6级地震，震中位于圣费兰多峡谷，在洛杉矶西北方向20英里处。此次地震属浅源地震，震源深度为12英里。当地震级 $M_L 6.4$，面波震级为 $M_S 6.6\sim6.7$，地震矩震级为 $M_W 6.6$。发生地震时大多数人还处于沉睡之中，没有来得及反应，灾难就降临了。在持续30秒的震撼中，大约有11000多间房屋倒塌，震中30千米范围内高速公路、高层建筑或毁坏或倒塌，煤气、自来水管爆裂，通信中断，火灾四起，直接和间接死亡58人，受伤9000多人，财产损失300多亿美元。

#### 2. 经济损失巨大

洛杉矶地区是全美第二大城市带，经济密度相当高，灾害的放大效应非常明显，形成了低人口死亡率、高经济损失率的灾情特征。此次地震的震中离洛杉矶市中心只有32.19千米，震区不仅人口密度大，经济密度更大。洛杉矶市交通高度发达，造价昂贵的高速公路和立交桥高度集中（仅洛杉矶地区就有2523座高架桥），震中又十分接近，致使交通损失巨大。地震不仅造成停水断电、通信阻塞，而且造成煤气管道破裂，引发100多处火灾，致使损失扩大。大约有11000多间房屋在此次地震中倒塌，致使2.5万人无家可归。本次地震对该地区和美国其他地区经济有重大打击，延滞了加州的经济复苏进程，导致失业率上升、产出减少等问题。

#### 3. 保险损失惨重

北岭地震导致了美国有史以来最大的经济损失，保险公司受理了超过30万件索赔，支付的赔款远超过去30年收取保费的总和。巨额赔付使得商业保险公司的地震保险经营陷入困境，十几家保险公司因此破产，其余的纷纷退出，或大幅度提高费率，地震保险市场严重失灵，供求矛盾突出。许多家庭由于得不到地震保险保障，而无法申请购房和重建资金的银行贷款，严重延滞了加州的经济复苏。

加州位于美国地震多发带，加州政府 20 世纪 80 年代曾通过法律，要求经营住房财产险的保险业者同时销售地震保险。但 1994 年的洛杉矶地震把大批保险公司拖得筋疲力尽，此后很多保险业者拒绝提供地震险。但这也促成了加州地震保险的改革，并随后成立了加州地震保险局等，促进了美国地震保险制度的发展。

## 三　新西兰的地震保险

### （一）新西兰地震保险的发展历程

新西兰位于环太平洋火山地震带的最南端，是地震及其他地质灾害的多发地带。因此，有关地震保险的讨论在新西兰也由来已久。但是 1906 年美国旧金山 8.3 级大地震导致了保险公司巨额的赔款，造成许多保险公司破产，对世界各地的地震保险业造成了很大的冲击，世界各地保险公司大都在火灾保险中（大部分国家将地震保险附加于火灾保险之中）将地震及其导致的火灾作为排外责任，新西兰的地震保险公司也不例外。

1931 年新西兰内皮尔地区发生了里氏 7.8 级地震，造成了巨大的破坏，但是当时的地震保险投保率极低，大部分损失都没有地震保险。随后，新西兰提出扩大地震保险范围以帮助灾后重建，成为世界上第一个扩大地震保险范围的国家。

1942 年新西兰的惠灵顿和瓦拉拉帕地区发生里氏 7.2 级地震，地震导致众多建筑物被摧毁和破坏。由于当时的地震保险是自愿购买的，绝大多数财产并未投保，因此缺乏足够的维修费用，震后一年多许多建筑仍然未能修复。但从此以后，民众对提供地震风险保障的需求明显提高，新西兰政府也逐步做出相应的改革措施来完善地震保险制度。

1944—1945 年，新西兰国会通过了《地震和战争破坏法案》，这部法案成为新西兰巨灾保险法律制度的原型，并成立地震及战争破坏委员会来具体负责地震保险相关业务。随后，经过多次改革，1994 年 1 月，国会通过《地震委员会法案》，取代《地震和战争破坏法案》，建立了较为完善的地震保险体系，这是新西兰自 1945 年建立强制性地震保险制度以来的重大变革。新西兰地震巨灾保险提供的保险范围包括地震、山体塌方、火山爆发、海啸和地热活动，其宗旨是帮助新西兰民众在自然灾害发生后尽快重返和重建自己的家园。过去地震保险的运作主要依赖于政府,当灾害发生时,首先动用保费所累积的资金与投资收益,并通过再保险保障,获得理赔资金来源;如果资金不足,则由政府负责。但是,保险的责任范围很广泛,大地震的赔偿非常高,一旦政府财政吃紧,将使得政府和保险人均处于不利的境地之中。因此,1994年的新法案,将原来对所有财产的强制保险的范围缩小至仅家庭财产,非住宅的建筑物及其附属家具等不再列入强制保险标的范围。并将原为保险责任的战争风险排除在外。同时,地震和战争委员会更名为地震委员会,专门管理地震保险事务。该委员会负责统筹管理一切有关全国财产的自然灾害保险,它管理着一项自然巨灾基金,该基金的主要来源是强制征收的保险费及基金投资收益,向投保火险的居民提供最高达10万新西兰元(编者注:撰稿时1新西兰元约兑人民币4.2元)的住宅重建保险和2万新西兰元的家庭财产保险。新西兰实行强制保险,配合严格的建筑法规,再加上商业保险公司亦提供非住宅财产保险和住宅部分超额保险,使得新西兰的地震保险制度运作比较成功,被誉为全球现行运作最成功的灾害保险制度之一。其以强制地震保险为主,自愿地震保险作为补充;其中,强制地震保险费率为万分之五,自愿地震保险费率更高。从1996年开始,强制地震保险仅限于家庭财产,即居民向保险公司购买房屋或房内财产保险时,会被要求强制投保地震保险。自愿地震保险承保家庭财产强制地震保险不足的部分,以及其他物体的地震风险,如机动车辆地震保险、企业因地震灾害造成的营业中断和仓储保险等。

### (二)新西兰地震保险制度的基本内容

新西兰地震保险采取强制购买的手段。居民向保险公司购买房屋或房内财产保险时,不管愿不愿意,都必须购买火灾保险,地震保险自动附加于火灾险中。

#### 1. 承保范围

新西兰地震保险有由地震委员会(EQC)运营和由民营保险公司运营两种。EQC地震保险是附带在火灾保险中的强制性险种,居民投保火险时自动投保,其保险对象是住宅、宅基地和家庭财产。新西兰巨灾保险的宗旨是帮助民众在自然灾害发生后尽快重返和重建自己的家园,其强制保险的范围相对较广,包括自然滑坡、火山喷发、海啸、洪水、地震等造成的损失。

不在保险范围内的包括:未投保火灾保险的物品、非物质财富(如存储在电脑中的信息）、珠宝、钱、艺术品、证券、文件、邮票、机动车辆及其零部件、船及其零配件、飞机及其零配件、灌木、森林、树木、植物、庄稼、草坪、在旷野种植的作物（包括葡萄、果树等）、炸药、动物（包括家禽和宠物）、道路、街道、车道、小路（主要通道的某些土地有些会在承保范围，如车位）、排水沟、渠道、水坝、栅栏、水塘、游泳池、浴池、温泉池回水塔、网球场、码头、铺路石、地震之后失盗、地震之后寄宿在临时住所的住宿费[1]。

### 2. 费率厘定

新西兰地震保险按照不同的风险区域和建筑物收取不同的保费。保险公司将全国各地按地震灾害风险不同划分为 315 个保区，并结合建筑结构、高度、强度、使用年限等，制定费率，具体为 0.1%~0.5%，平均收取的保险费为每户每年 60 新西兰元，最高为 67.5 新西兰元，由保险公司代为收取后全额转交给地震委员会。全国没有统一规定的保险费率，而是由保险公司根据市场规律自行决定。保险公司基于不同的费率结合免赔额算出最高责任限额（最高 15 万美元）。如果房屋或屋内财产的价值超过了地震委员会的最高责任限额，居民可以到保险公司投保超限额的部分。

### 3. 理赔方式

新西兰的保险赔偿实行限额保险责任，房屋最高责任限额为 10 万新西兰元，房屋内财产最高责任限额为 2 万新西兰元，且设有免赔额：1）房屋或房屋内财产都受损，免赔率为 1%，最低免赔额为 200 新西兰元；2）只要房屋内财产受损，不论金额大小，一律免赔 200 新西兰元；3）土地受损，免赔率为 10%，最低免赔额为 500 新西兰元，最高免赔额为 5000 新西兰元。

当发生灾害时，如果损失在 2 亿新西兰元以下的，由新西兰地震委员会支付；损失在 2 亿 ~7.5 亿新西兰元的，由新西兰地震委员会和再保险人共同承担（其中再保险人承担损失的 40%，新西兰地震保险委员会承担损失的 60%）；损失超过 20.5 亿新西兰元的，使用巨灾风险基金。如果保险损失超过巨灾风险基金数额，由政府补充不足部分，为此，新西兰地震委员会每年会支付给政府一定的保证金。

### （三）新西兰地震保险制度的运行机制

新西兰的地震保险体系包括三个部分：地震委员会、保险公司和保险协会。

---

[1] 王和，王平 . 中国地震保险研究 [M]．北京：中国金融出版社，2013.

地震委员会是由国家财政部组建，它管理着一项自然巨灾基金，该基金的主要来源是强制征收的保险费及基金投资收益。一旦巨灾发生，地震委员会负责法定保险的损失赔偿，房屋最高责任限额 10 万新西兰元，房屋内财产最高责任限额 2 万新西兰元；保险公司依据合同负责超出法定保险的损失赔偿；而保险协会则将启动应急计划。上述三个机构权责清晰，分工明确，在灾后理赔、重建等各个环节发挥着重要作用。

新西兰的地震委员会始建于 1945 年；目前的地震委员会由国家财政部全资组建，于 1994 年 1 月 1 日成立，政府无偿拨付了 15 亿新西兰元作为自然灾害风险基金的一部分。该委员会的理事会由 5~9 人组成，均由政府委派。委员会的使命是帮助新西兰人民从巨灾风险的影响中得到恢复，其职能包括：通过保险公司收取保费、处理索赔、管理风险基金、按政府要求对基金进行投资、安排再保险、向政府报告财务状况。目前，地震委员会已积累了超过 35 亿新西兰元的巨灾风险基金，并拥有强大的巨灾再保险保障。巨灾风险基金的主要来源是强制征收的保险费，按每户每年 60 新西兰元收取。地震委员会还有一个巨灾反应项目，即当巨灾发生后，该项目的指定运作基地和后备工作人员及设备会立即启动，以确保委员会在很短的时间内调集人员和设备出现在巨灾现场。

保险公司承保居民住宅及宅内财产价值超过地震委员会最高责任限额部分的地震险。发生地震灾害的索赔金额在地震委员会最高责任限额之内，全部由地震委员会赔偿；如果索赔金额超出地震委员会最高责任限额，限额内的部分由地震委员会赔偿，超出限额的部分由保险公司依据合同进行赔偿。通过协商，地震委员会不承保的首饰、现金、宝石、游泳池、网球场等，保险公司可以承保。

保险协会的保险应急计划是针对地震、洪水、暴风雨等巨灾出险后的应急措施。一旦巨灾发生，应急计划立即启动，各有关单位会按照事先协议的内容提供有关灾情数据，提供人力资源和设备等必要协助，以迅速对巨灾做出反应，发挥各方面集体协作的优势，尽快解决灾后救援、查勘、定损、赔偿或重建等问题。该计划包括以下四个阶段：第一阶段，迅速收集有关巨灾风险的数据，包括灾害发生的地点、损失的严重程度、人员的伤亡情况等，数据来源是国防部、地质和核科学学会、地震委员会、当地地方政府等部门，另外从保险公司还可获得有关索赔案件数、索赔金额等数据；第二阶段，根据灾情报告利用计算机绘制灾情图，并且为保险公司提供有关理赔方面的专业技术人员和查勘定损师；第三阶段，理赔专业技术人员和查勘定损师集体协作，完成查勘定损，向保险公司报告；第四阶段，理赔专业技术人员和查勘定损师完成工作，返回各自工作岗位或回国，保险协会统计有关灾情和保险赔偿的数据，作为以后进一步分析的历史记录，应急计划到此结束。这一计划的优势在于能够动员社会各界甚至国外的力量参与巨灾的灾后处理。平时有关部门和人员从事自己的日常工作，似乎与保险协会或保险公司没什么联系；一旦巨灾发生，应急计划启动，有关部门会马上作出反应，收集报告数据，有关人员会从四面八方迅速汇集，参与查勘定损工作，有关单位也会提供相应的技术设备，从而提高了效率[1]。

### （四）新西兰地震保险的主要特点

新西兰地震保险制度被誉为全球现行运作最成功的灾害保险制度之一，是通过法律形式建立符合本国国情的多渠道巨灾风险分散体系，走政府行为与市场行为相结合的道路来尽可能分散巨灾风险。其主要特点如下。

#### 1. 成立地震委员会（EQC）

新西兰地震委员会由国家财政部组建，承担法定保险的损失赔偿，并负责管理地震保险基金，初始资金为 15 亿新西兰元，来源于政府的新西兰自然灾害基金，资金增长通过强制征收的地震保费以及基金的投资收益。2020 年地震委员会还成立了国家参考小组（National Reference Group），该参考小组直接加强了 EQC 和民众的联系，并可以在各个领域为 EQC 提供有价值的观点和专业知识。

#### 2. 成立地震保险基金

保险公司负责家庭财产强制地震保险保费的代收代缴，并将保费扣除一定比例手续费后交给地震委员会，地震委员会将其纳入地震保险基金，并对家庭财产强制地震保险进行再保险安排，包括比例再保险和超赔再保险。政府通过提供再保险保障、提供资金或担保、对基金投资免征收入税等方式对地震保险基金进行支持。一旦灾害发生，地震保险基金就会提供最初级的家庭财产损失赔偿。

#### 3. 多渠道风险分散

当巨灾事件发生后，首先由地震委员会支付 2 亿新西兰元。其次，如果地震委员会支付的 2 亿新西兰元难以弥补损失，则启动再保险方案。再保险方案又根据损失金额的大小分为三层（见前面第（二）3. 理赔方式）。可见，该体系的特点之一是政府承担无限清偿责任，新西兰地震保险制度中，当损失额超过 20.5 亿新西兰元时，自然灾害基金继续进行支付直至基金耗尽，这时仍然不

---

[1] 叶非. 地震保险"新西兰模式"值得借鉴. 中国银行保险报，2002.

足以支付对地震灾害的赔偿时，由政府承担无限偿付责任；特点之二是充分发挥再保险功能作用，新西兰地震保险制度中，地震保险委员会像商业保险公司一样，向国际市场购买再保险，以加强自身的偿付能力，并减少政府可能承担的无限赔偿责任金额。

### （五）新西兰地震案例：坎特伯雷地震序列

2010—2011 年坎特伯雷地震序列（2010—2011 年底，发生在新西兰坎特伯雷的两次大地震和 12000 多次余震，统称为坎特伯雷地震序列）（图 3-2）是新西兰历史上保险损失最为严重的自然灾害。2010 年 9 月 4 日在新西兰南岛基

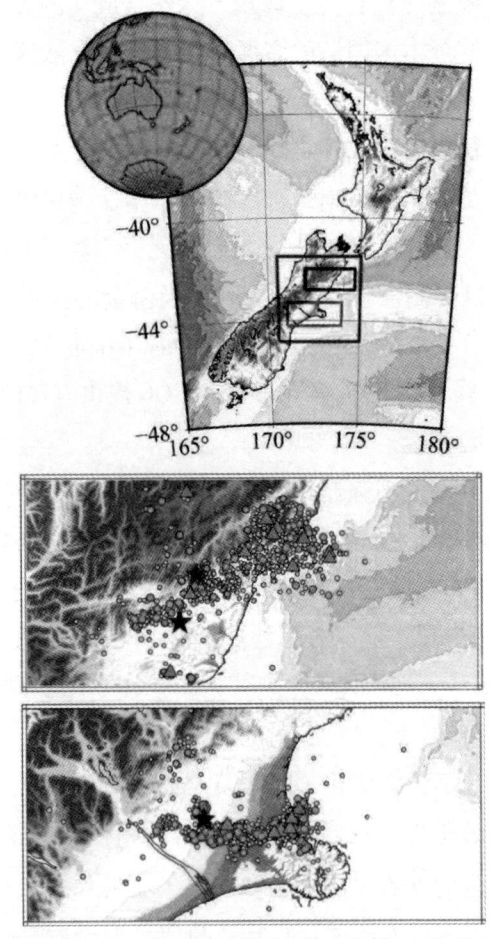

图 3-2　2010—2011 年坎特伯雷地震序列震中分布

引自 Posadas A. et al.，2021，Shaking earth：Non-linear seismic processes and the second law of thermodynamics：A case study from Canterbury（New Zealand）earthquakes. Chaos，Solitons&Fractals

督城西部发生里氏 7.2 地震，震源深度约 11 千米。地震造成广泛的破坏，其中基督城的破坏尤其严重。此后又发生了多次 5.0 级以上的强余震。2011 年 2 月 22 日在新西兰第二大城市克莱斯特彻奇发生里氏 6.3 级地震，此次地震震级虽然比 2010 年发生的 7.2 级地震小，但是震源深度仅为 4 千米，且垂直地面加速度较高，因此也造成了巨大的破坏。

坎特伯雷地震序列给当地工程结构、社会、经济和自然环境造成了严重影响。震后，新西兰财政部对地震区重建费用经过多次调整后，预计总费用为 400 亿新西兰元，其中 50% 用于住房项目，25% 用于商业开发，10% 用于基础设施建设，15% 用作政府和社区资产。联邦储备银行 Reserve Bank 估计坎特伯雷重建费用占每年 GDP 的 1.5%，并将持续到 2020 年以后。

地震导致超过 65 万起保险索赔。其中超过 16.8 万起由商业保险公司负责，使得商业保险公司支出超过 210 亿美元。新西兰地震委员会也支出了 100 亿美元赔偿。整个地震序列导致的保险总赔付超过 310 亿美元。如果这些保险赔款全部由商业保险公司承担，以目前的保险费率计算，商业保险公司将需要大约 40 年才能偿还完。鉴于此，由政府、国际再保险公司等共同参与地震保险赔付是非常重要的。得益于新西兰成功的地震保险制度，地震发生后的救灾与重建资金得到有效的保证，商业保险公司的经营也得以持续。

## 四　土耳其的地震保险

### （一）土耳其地震保险的产生背景

土耳其位于喜马拉雅－地中海地震带上（96% 的国土位于地震带上），活动断层安纳托利亚断层从西到东贯穿土耳其。受安那托利亚板块、阿拉伯板块、欧亚大陆板块的共同作用，断层上地震活动频发。地震是土耳其面临的主要自然灾害，地震灾害导致的经济损失占自然灾害总损失的 65%。仅 20 世纪，土耳其就发生了 9 次震级在里氏 7 级及以上的地震。据统计，1925 年至 1988 年期间，平均每年因地震死亡人数为 1100 人，年均毁坏的建筑物为 5600 栋。

由于频繁的地震造成极大的经济损失，在土耳其对建立地震保险制度的建议早有存在，但是长期以来，土耳其并没有建立专门的地震保险制度，而是通过常规的保险产品提供地震风险保障，即，最初的地震保险并不是单一的险种，而是作为火险或家财险的附加在市场上销售。由于保险产品缺乏市场吸引力，并且民众风险保障意识不足，土耳其地震保险的市场渗透率低，投保率不尽如人意，平均投保率不到 5%。因此，1978 年在土耳其国家住房和城乡建设部的指导下，相关研究部门就开始研究论证可行的强制性地震保险模式。不少学者提出将强制地震保险模型进一步推广为由私人保险公司和公共基金共同作用的双层次地震保障机制。但是由于市场热情不高而政府又缺乏执行力，地震保险共同体的设想并没有转化为具体的执行方案。1992 年埃尔津詹（Erzincan）地震发生后，不少专家学者呼吁尽快建立专门的地震保险制度，但由于社会的认识不统一，加上政府也没有积极性，因此，地震保险制度的建设也议而不决。由于没有专门的制度安排，一方面保险公司经营地震保险的风险无法得到有效分散，公司不愿意开展地震保险，另一方面民众保险意识相对落后，导致土耳其地震保险强度不尽如人意。

真正推动土耳其建立地震保险制度的契机是 1999 年的两次大地震，即当年 8 月 17 日发生的伊兹米特（Izmit）地震和 11 月 12 日发生的马尔马拉（Marmara）地震。两次大地震给土耳其造成了巨大的人员伤亡和财产损失，造成了 4.3 万人伤残和 1.8 万人死亡，受损建筑物 10 万余所，300 多万人无家可归，经济损失则高达 200 亿美元。一年之内发生两次大地震，给社会的生产和生活带来了巨大影响。同时，政府也面临前所未有的社会管理和财政压力，让土耳其政府认识到建立地震保险制度的重要性。

于是，2000 年在世界银行的帮助下，土耳其开展了政府、保险公司和国际组织合作建设巨灾保险制度的尝试，并最终决定设立土耳其巨灾保险共同体（Turkish Catastrophic Insurance Pool，TCIP），在全国引入由 TCIP 提供的独立于火险之外的强制性地震保险。此外，TCIP 还负责土耳其所有地震风险的管理，并通过国际再保险市场进行风险转移和分摊。同时，土耳其推动巨灾保险相关法律法规的制定工作，构建了以《强制地震保险法令》为主的法律制度体系，为巨灾保险的开展打下基础，作为发展中国家建立起了地震保险制度。

此外，土耳其还在 2007 年、2018 年对相关的建筑抗震设计规范进行了更新，但其设防水准大致上仍低于我国现行标准。

具体上，土耳其的地震保险是由保险公司、政府和国际组织（世界银行）共同合作经营的。在土耳其，所有的城市住宅都必须投保强制地震保险，这种强制地震保险是申请住宅产权登记和申请水、电、天然气和电话等公用事业服务的必要前提条件，强制性地震保险的保额为 25000 美元，超过的部分实行商业性自愿保险；强制性地震保险条款全国统一，并独立于火灾保险；基础费率的厘定根据地震区域、住宅大小和建筑物结构的风险类别进行划分。TCIP 管理机构由政府代表、商业保险公司和学术界共同组成。国内商业保险公司均为 TCIP 成员，并按照市场份额共同承担风险。此外还建立国家巨灾准备金，并保持充足的赔偿资本金，以降低巨灾对政府的财务风险。

土耳其巨灾保险共同体（TCIP）是土耳其国家巨灾保险的运行平台，是一个依法设立的非营利机构，隶属于土耳其财政部。这个平台由一个来自政府部门、私人机构和学术组织的 7 人组成的协会进行管理，负责制定地震保险精算费率体系，建立国家巨灾风险模型，确定风险暴露和最大可能损失，设计保险基金规模和风险转移机制，包括再保险计划和巨灾准备金。同时，开展防灾减灾研究，推动抗震标准普及。具体的经营运作，TCIP 采用了外包模式，即将地震保险的保单销售和市场推广委托给保险公司及其代理人负责，将地震保险的损失评估则委托给保险公估机构负责；同时，其自身的运营管理则通过招标的方式委托给外部机构，招标授权期为 5 年（第一轮的中标方为 Milli Re 公司，2010—2015 年期间的招标由荷兰的 Eureko 公司中标）。

土耳其地震保险属于由政府经营的，独立于普通商业保险之外的专门保险。政府通过法律的方式，要求从 2000 年 9 月 27 日起，所有位于市区的住宅建筑物均必须参加保险，并明确用这一制度取代相关灾害法规中关于政府义务的规定。具体要求有：1）政府在 2001 年 3 月 27 日之后不再为居民提供灾后重建住宅的资金，对于不参加地震保险的居民不再享有获得政府灾后经济补偿的资格，也不能获得住房贷款；2）在住宅交易过程中，业主必须向房地产注册部门提供地震保险相关文件。同时，为了确保地震保险的推广，政府还要求业主在进行水、电、气和电话的开户时，必须提交已投保地震保险的相关证明文件。由于土耳其的农村地区的经济相对落后，大多数住宅建筑物的标准相对低，且缺乏相应的检查和监督机构，加之农村居民收入相对低，故对农村居民住宅没有推行强制地震保险制度，而是由他们根据自己的实际情况，选择投保商业保险。此外，对于企业的房屋建筑和政府的公共设施也不纳入强制地震保险范畴，由所有人根据需要投保商业保险。

### （二）土耳其地震保险制度的基本内容

#### 1. 承保范围
土耳其地震保险的承保风险包括地震灾害风险，以及地震引发的火灾、爆炸、山崩和泥石流等。由 TCIP 负责签发地震保单，在市场上销售。承保范围为城市居民建筑物（建筑物必须属于个人所有，并在土地部门注册）、居民区内用于商业经营的小型企业建筑（如办公室、商店等）、用于公共服务或在发生灾难时授予居民的公共建筑、满足施工条件但未指定其类型为"住宅或商业"的所有房地产，及所有者拥有地役权的所有在建建筑物等。而所有未经土耳其法律建造的建筑物、不受现代建筑法规约束的农村或农村建筑（土耳其属发展中国家，农村建筑物大多没有建筑检查和监督体系，并且农村地区人口的收入偏低）、所有废弃或未使用的建筑物、尚未完工的建筑物、商业及工业建筑物（办公大楼、商务中心、行政服务、培训中心等）、所有收到土耳其政府警告或拆除通知的建筑物，以及建筑物内财产的损失、营业中断造成的收入、利润等损失、人身伤害赔偿、精神损害赔偿等则不在承保范围内。不在 TCIP 签发的地震保单承保范围内的建筑物，其所有者可以通过购买商业地震保险来获得地震风险保障。

**2. 承保限额**

土耳其地震保险金额设有上限，其承保额原则上按照重置价确定（根据每年建筑成本的增加而确定）。决定重置价的重要参数是由国家统一制定的，即按照不同类型的建筑物，国家颁布统一的标准，如 2013 年，单位面积的建筑成本分别为：钢结构、加固混凝土框架结构 700 土耳其里拉（编者注：撰稿时 1 土耳其里拉约兑人民币 0.37 元）；砖石结构 500 土耳其里拉；其他结构 260 土耳其里拉。而到了 2018 年，单位面积的建筑成本分别为：钢结构、加固混凝土框架结构 890 土耳其里拉；砖石结构 635 土耳其里拉；其他结构 310 土耳其里拉。每一份保单均有一个最高限额，以控制风险，2013 年的最高限额为 150000 土耳其里拉，到 2018 年提高到 190000 土耳其里拉。

如果建筑物的价值超过 TCIP 提供的最高承保限额，被保险人可就超出的金额自主投保商业保险，从而可以获得额外的保险补偿。

**3. 费率厘定**

土耳其地震保险的费率是由其财政部制定颁布的。费率体系将土耳其划分为 5 个震区等级，同时，将建筑物分为 3 类，形成了 15 档地震保险费率。TCIP每年会根据实际的地震风险情况，调整并颁布新的费率表，如表 3-7 所示为其一。土耳其地震保险的保单保费由基础保单保费和固定保费附加这两部分组成，其中，伊斯坦布尔的固定保费附加为 15 土耳其里拉，其他城市则为 10 土耳其里拉。此外，TCIP 对每张保单有一个最低保费的规定，最低为 25 土耳其里拉。一套面积 75 平方米的商品房年度保费大约在 150 到 200 土耳其里拉之间（不同的保险公司的收费不同）。

表 3-7　土耳其地震保险费率表（％）

| 建筑类型 | 震区等级 | | | | |
|---|---|---|---|---|---|
| | 地震区 I | 地震区 II | 地震区 III | 地震区 IV | 地震区 V |
| A 类结构 | 2.20 | 1.55 | 0.83 | 0.55 | 0.44 |
| B 类结构 | 3.85 | 2.75 | 1.43 | 0.60 | 0.50 |
| C 类结构 | 5.50 | 3.53 | 1.76 | 0.78 | 0.58 |

资料来源：土耳其巨灾保险共同体 TCIP。

注：（1）震区等级根据土耳其地震区划图确定。（2）建筑类型中，A 类结构表示具有钢筋或钢筋混凝土承重框架的建筑；B 类结构表示砖石结构，这类结构没有任何框架，承重墙是用石头、砖或混凝土砖建造的，其地板、楼梯、天花板也都是混凝土的；C 类结构为除了 A 类、B 类以外的建筑结构。

#### 4. 理赔方式

土耳其地震保险有 2% 的免赔率（即免赔额为保险金的 2%），低于该比例的损失由投保人自行承担。这样的设置一方面可以减轻基金因频繁小额赔付而产生的运营成本，另一方面有利于提升被保险人的风险意识。

而超过免赔额的损失，其理赔从受理申请到偿付都由 TCIP 负责。偿付能力管理采用的是"内外结合、分层管理、政府兜底"的模式，即采用分层技术，将风险划分为 6 层进行管理。除了国内保险公司的参与外，充分利用国际再保险市场和世界银行的资源，尽可能地分散风险。目前，土耳其地震保险的总体偿付能力为 10 亿美元，在这个限额内，绝大多数的风险均通过再保险的方式转移到国际市场。对于超过 10 亿美元的损失，则由政府"兜底"，政府一方面通过财政预算安排的方式，进行地震巨灾基金的积累，另一方面也在利用国际再保险手段来分散自身可能面临的风险。

### （三）土耳其地震保险制度的运行机制

在土耳其地震保险的运行过程中，商业保险公司负责销售保单、收缴保费，然后将所有的保费与风险集中起来组成巨灾保险基金，由土耳其巨灾保险共同体 TCIP 负责管理。TCIP 是土耳其地震保险的专业运营机构。TCIP 是法人实体，但不是纯粹的政府机构或商业机构。TCIP 隶属于财政部，但是其直接管理人是运营理事会。运营理事会负责 TCIP 的运营和监督，7 名成员由首相、财务部代表、公共事业部代表、资本市场理事会代表、保险事业协会代表、运营担当者、地震学家组成。运营理事会代表政府实施对基金的管理权，包括进行基金运营规划的整体设计、保险精算费率体系确定、巨灾风险模型构建、提供理赔指导意见、基金管理人招标以及再保险等。TCIP 运营管理采用外包服务的形式，每 5 年向民营机构招标，将地震保险的市场推广以及保单的签售委托给商业性保险公司，将地震保险的损失评估委托给保险公估机构。保险代理店主要负责 TCIP 的国内代理，法律规定在土耳其国内提供损失保险业务的保险公司都有销售地震保险的义务，制度建立当初认定了 24 家保险公司。

土耳其地震保险采用组合投保方式。商业性保险公司是保险运营的主体，承担着保单的签售、理赔，以及购买再保险等一系列工作。合法成立的商业性保险公司，无论资本实力如何，均有资格签售 TCIP 保单。同时，法律规定在土耳其国内提供损失保险业务的保险公司都有销售地震保险的义务。土耳其目前有 32 家保险公司被授权经营 TCIP 业务。巨灾保险基金会向保险公司支付佣金，目前的佣金费率为 17.5%。但实际经营中商业保险公司并不自留巨灾风险，保费连同所有巨灾风险，都 100% 转移给巨灾保险基金。

TCIP 的资金主要用于保险赔付、再保险、组织运营费、宣传、咨询、科学研究以及支付保险公司的手续费。TCIP 财源主要依赖住宅所有者支付的保险金，如，2006 年 10 月其年保险总金额为 1.968 亿土耳其里拉（约合 1.4 亿美元，2006 年外汇牌价为 1 美元 =1.4 土耳其里拉）。由于 TCIP 财源不足，面临一旦发生大地震，保险金支付严重依赖再保险的状况。

政府在土耳其地震保险中也扮演着重要角色。政府一方面承担着监管者的角色（政府承担制定保险框架、保险条款，厘定保险费率，接洽基金经理人等工作），另一方面扮演着"最后保险人"的兜底角色（当地震风险损失补偿金额超过 TCIP 总赔付能力时，政府提供超额部分的补偿，承担最后的风险）。另外，由于农村居民住房不强制要求投保地震保险，其地震损失也由政府提供补偿。

### （四）土耳其地震保险的特点

土耳其地震保险制度作为发展中国家在巨灾风险管理方面的探索，具有独特和积极的示范意义。在制度建设之后的几次地震中均发挥了较好的作用，得到了社会的认同和肯定。土耳其地震保险制度主要特点有：

（1）较好地结合了发展中国家社会和经济发展的阶段性特征，采用了相对强制的模式，确保了地震保险的覆盖面以及作用。

（2）政府主导，市场运作。通过设立"巨灾保险共同体"，直接管理并推动地震保险制度落地，同时，以其为平台，整合各方面的资源。

（3）多主体的风险共担机制保证了 TCIP 能够提供价格相对低廉、居民可负担得起的地震保险产品。同时，土耳其地震保险、国际再保险市场、土耳其政府三层次的风险共担机制，从根本上缓解了政府因地震而产生的沉重经济负担，较好地适合了发展中国家经济社会的阶段性特征，成为发展中国家在巨灾风险管理方面的有益探索。

（4）建立并完善了相关法律法规，为地震保险的开展奠定了基础，同时，利用各种行政手段，推动地震保险普及。

（5）充分利用保险机构在营销、理赔和服务网络方面的优势，提高地震保险制度运营的效率。

（6）土耳其地震保险是在世界银行的协助下完成的。世界银行帮助土耳其向国际再保险公司寻求了优惠的再保险安排，提供管理技术支持。同时世界银行针对土耳其地震保险还有一个"特殊贷款计划"来承担一部分风险，从而降低再保险成本，促进 TCIP 准备金的增长和偿付能力的提高。这种"特殊贷款计划"符合发展中国家的经济特征，利用先进的风险管理技术，充分利用国际再保险市场资源，较好地解决了保险偿付能力管理的问题。

（7）高度重视地震保险制度的宣传和教育工作，尤其是面向居民和学生群体。同时，采用"双轨模式"，兼顾发挥政府和市场的力量。

## 五　我国台湾地区的地震保险

### （一）台湾地区地震保险的发展历程

我国台湾地区位于欧亚板块与菲律宾海板块之间，是西太平洋岛弧地震带的重要组成部分；区域地震活动强度大、活跃度高，是世界上最受关注的地震活动区之一（图3-3）。

该地区平均每年发生约 500 次有感地震，其中约有 20 次地震的震级大于 5

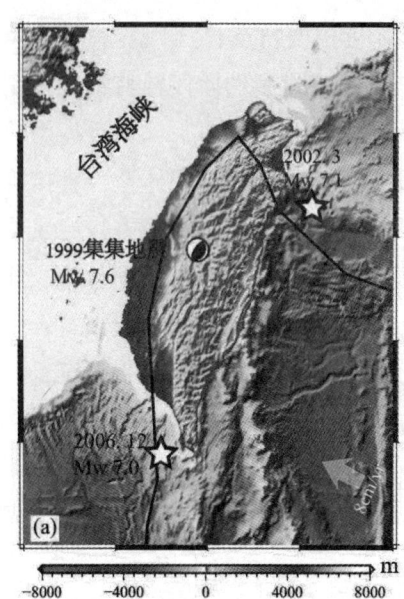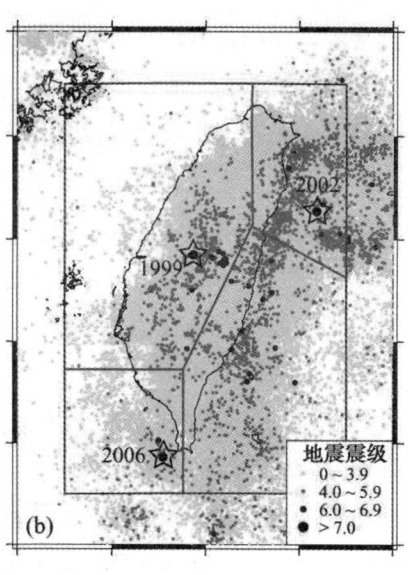

图 3-3　台湾及周边地区的地形构造背景及历史地震震中分布
地震数据来自国际地震中心 http://www.isc.ac.uk

级。1999 年 9 月 21 日（北京时间）台湾中部的南投县集集镇发生 $M_W$7.6 级地震（以下简称集集地震），震中位置见图 3-3，震源深度约 10 千米，地表破裂长度达 80 千米以上，是台湾地区近一百年来发生的震级最大、造成损失最大的地震，该地震造成了 2400 多人死亡，10000 多人受伤，住宅房屋倒塌十几万间（全倒 51721 户，半倒 53768 户），损失总金额达 1824 亿元新台币（编者注：撰稿时1 新台币约兑人民币 0.23 元）。此次地震造成的损失极其严重，但是由于当时台湾没有专门的地震保险，而是由家庭或企业自愿以火灾险附加地震特别条款的形式投保，投保率较低。对受灾者的援助主要以政府和民间援助为主，地震保险没有发挥作用，此次地震的保险理赔约 3940 万元新台币，而政府救济补助高达 157 亿元新台币。政府主要对全部倒塌和部分倒塌房屋提供资金援助，也采取了公有住宅半价出租，或提供应急板房、租金补贴等措施。而在 10000 多名死伤民众中，投保人身险者不足 20%，平均每人理赔金额约新台币 110 余万元（约合人民币 23 万元）。同时，金融机构债权几乎没有地震保险担保。

这次地震的发生引起了台湾社会建立地震保险共保体系、强化地震保险制度的共识。行政当局为建立地震保险于 1999 年底提出"保险法部分条文修正草案"，明确保险业应承保住宅地震危险，并说明有关地震危险承担机制。2001

年 7 月 9 日，台湾"保险法"增订版公布，其中第 138-1 条规定："保险业应承担住宅地震危险，以共保方式及主管机关建立之危险承担机制为之。前项危险承担机制，其超过共保承担限额部分，得成立住宅地震保险基金或由政府承受或向国内、外之再保险业为再保险。前两项有关共保方式、危险承担机制及限额、保险金额、保险费率、责任准备金之提取及其他主管机关指定之事项，由主管机关定之。第二项住宅地震保险基金为财团法人；其捐助章程及管理办法，由主管机关定之。"该条文为台湾地区开展住宅地震保险提供了依据，政策性住宅地震保险制度正式建立。同年，台湾地区财政主管部门依据该条规定，于 2001 年 11 月 30 日发布了《住宅地震保险共保及危险承担机制实施办法》《财团法人住宅地震保险基金管理办法》及《财团法人住宅地震保险基金捐助章程》，奠定了财团法人住宅地震保险基金的法规基础。依据《住宅地震保险共保及危险承担机制实施办法》，由保险业和中央再保共同组成住宅地震保险共保组织，并制定共保组织作业规范。依据《财团法人住宅地震保险基金捐助章程》，住宅地震保险基金成立时，由保险业务发展基金管理委员会捐助两千万元新台币，成立财团法人住宅地震保险基金；又依该章程规定，财团法人住宅地震保险基金设董事会，成立 9 人的董事会，由财政主管部门聘任。另外，由保险公会负责研拟修订的《住宅火灾及地震保险单条款》也在 2001 年 12 月 25 日报送财政主管部门核准实施。2002 年 4 月 1 日，台湾住宅地震保险正式发布，并规定凡是住宅所有人要承保住宅火灾险的，均自动涵盖住宅地震基本保险，每户每一保险标的物的保险金额为 120 万元新台币，全台湾采用单一的保险费率，每年保费 1459 元新台币，且仅保全损。凡是住宅因地震而全损（含推定全损）者，每户可获得临时住宿费用 18 万元新台币。而同一次地震事故全台湾地区合计应赔付之保险损失总限额为 500 亿元新台币，并从中再根据《住宅地震保险共保及危险承担机制实施办法》第三条规定分出四个层次，分别由共保组织、财团法人住宅地震保险基金、再保险市场或资本市场、政府承担，以分散风险。其后，地震保险的保额、保费、风险分担机制等又进行了多次调整。

2005 年 12 月，台湾地区财政主管部门对《住宅地震保险共保及危险承担机制实施办法》进行修订，将危险承担机制由四层改为二层。第一层 20 亿元新台币，仍由住宅地震保险共保组织承担；超过 20 亿元新台币的 480 亿元新台币部分，由财团法人住宅地震保险基金承担及分散。

2006 年 12 月 29 日，台湾地区财政主管部门对《住宅地震保险共保及危险承担机制实施办法》再次进行修订，将住宅地震保险的承担限额由 500 亿元新台币调高到 600 亿元新台币（自 2007 年起执行）。危险承担机制仍为两层：第一层 24 亿元新台币，由住宅地震保险共保组织承担；超过 24 亿元新台币的 576 亿元新台币部分，由财团法人住宅地震保险基金承担及分散。

2007 年为配合所谓"保险法"第 138-1 条的修正，《住宅地震保险共保及危险承担机制实施办法》于 2007 年 11 月 26 日修正更名为《住宅地震保险危险分散机制实施办法》。自 2008 年起，各保险公司承保的住宅地震保险业务 100% 分予财团法人住宅地震保险基金，财团法人住宅地震保险基金接受所有保单后再予承担及分散，逐渐形成现在的住宅地震保险运营模式。

随着消费者风险意识的逐渐提高，为了保证住宅地震保险的投保率能够持续稳定增加，2008 年 12 月 30 日，台湾地区财政主管部门修订《住宅地震保险危险分散机制实施办法》：自 2009 年 1 月 1 日起，住宅地震保险分散机制的承担限额由 600 亿元新台币调高至 700 亿元新台币。另自 2012 年 1 月 1 日起，第一层共保组织承担限额占比提高，由 28 亿元新台币上调为 30 亿元新台币；而第二层由财团法人住宅地震保险基金承担及分散的限额由 672 亿元新台币下调为 670 亿元新台币。

2021 年 3 月 12 日，台湾地区财政主管部门再次修正《实施办法》：自 2021 年 4 月 1 日起，住宅地震保险危险分散机制的承担限额由 700 亿元新台币调高至 1000 亿元新台币；第一层共保组织承担限额由 30 亿元新台币调整为 42 亿元新台币；第二层住宅地震保险基金承担及分散的限额由 670 亿元新台币调整为 958 亿元新台币。

地震保险在台湾也迅速发展（表 3-8），截至 2022 年 10 月 31 日，台湾地区住宅地震保险累积责任额达 5.75 万亿新台币，有效保单件数为 341 万件（表 3-8），投保率达到了 37.6%（全台湾地区住宅总户数按 905 万户计算）。

表 3-8　住宅地震保险有效保单件数及签单保费收入

| 年度 | 有效保单件数 | 签单保费收入（新台币千元） |
| --- | --- | --- |
| 2002（4~12 月） | 455498 | 661231 |
| 2003 | 859213 | 1242788 |
| 2004 | 1173082 | 1702959 |
| 2005 | 1447545 | 2101527 |

续表

| 年度 | 有效保单件数 | 签单保费收入（新台币千元） |
| --- | --- | --- |
| 2006 | 1672043 | 2425076 |
| 2007 | 1872195 | 2722298 |
| 2008 | 2029369 | 2947686 |
| 2009 | 2168528 | 2951981 |
| 2010 | 2294738 | 3057970 |
| 2011 | 2390202 | 3193562 |
| 2012 | 2459152 | 3202554 |
| 2013 | 2553337 | 3336938 |
| 2014 | 2637811 | 3463141 |
| 2015 | 2707256 | 3523412 |
| 2016 | 2795766 | 3646940 |
| 2017 | 2885973 | 3805245 |
| 2018 | 3002475 | 3973195 |
| 2019 | 3102381 | 4040314 |
| 2020 | 3225006 | 4369827 |
| 2021 | 3337681 | 4455949 |
| 2022（截至 10 月 31 日） | 3414238 | —— |

注：2009 年 4 月 1 日起每单保费由 1459 元新台币调为 1350 元新台币。

资料来源：财团法人住宅地震保险基金。

## （二）台湾地区地震保险制度的基本内容

### 1. 承保范围

台湾住宅地震保险包含两个部分，分别是行政当局支持的地震基本保险，和纯商业性保险。地震基本保险以民用住宅为保险标的，不包含企业商用房屋和公共建筑，居民每户只能投保一张保单。

保险公司承保方式为住宅火灾险，自动包含住宅地震基本保险（地震基本险为强制保险，凡申请银行贷款，必须购买火灾保险），并且全台湾地区采用单一的费率。2002 年住宅地震保险开办时，承保范围主要为因地震，地震引起的火灾、爆炸，地震引起的地层下陷、滑动、开裂、决口所导致的损失。为了更好地提高和保护投保户的权益，住宅地震保险的承保范围也在持续调整，在原有的承保范围基础上，又增加了地震引起的海啸及海潮高涨、洪水等导致的房屋全损（全损的定义为：经行政机关通知拆除、命令拆除、或准许拆除；或经保险评估人员评定，或经建筑师公会或结构、土木、大地等技师公会鉴定为不堪居住必须拆除重建，或非经修复不适居住且修复费用为危险发生时之重置成本百分之五十以上）。采用全损为理赔基础是为了简化理赔程序，以最短时间完成保险理赔，使受灾民众能够迅速获得经济援助；同时降低理赔所需费用，减少民众的保费负担。已投保地震基本保险的人，如果认为保障程度不够，则可以购买商业性地震保险，其保障范围比地震基本保险的保障范围大，除住宅外，还包括住宅附属设施、家具衣物等。

**2. 承保限额与保险费率厘定**

为了合理厘定地震保险费率并减小民众的经济负担，台湾地震保险基金成立了危险分散与费率小组，进行风险费率适合度的评估，并请国际保险经纪公司开展风险评估模型的研究，最终确定全台湾的住宅地震基本保险采取单一费率（采取单一费率的原因是财团法人住宅地震保险基金认为目前科学无法准确预测地震，处于非断层带的建筑物并不能说就没有安全顾虑。另外，采用单一费率可简化投保手续，节约签单费用以降低保险费，进而提高投保率），保单费率为 0.9%（为减轻民众负担，台湾住宅地震保险基金的保费也在逐渐调降，2009 年 4 月 1 日以前保单费率为 1.216%，随后调整为 1.125%，2012 年起重新修订为 0.9%）。即，保额为 150 万元新台币（每一住宅建筑物的赔偿金额以保险金额为限，最高不得超过 150 万元新台币）的地震保险，民众一年只需要付最高 1350 元新台币的保费。一旦承保的住宅被判定符合理赔标准，承保公司将会同时支付临时住宿费用 20 万元新台币（住宅地震保险刚成立时临时住宿费用为 18 万元新台币，于 2012 年修改为 20 万元新台币）。

住宅地震基本保险建制的目的，是在使被保险人于震后能迅速获得保险赔偿以减轻财务损失，尽快重建家园。因此，保险金额以保险标的物的重置成本定之，重置成本根据投保时的《台湾地区住宅类建筑造价参考表》的"建筑物本体造价总额"计算，即以建筑物构造单位面积价乘以建筑物使用面积。若民众认为政策性的地震基本保险保额 150 万元新台币不够，则可以购买商业性地震保险来扩大地震保险的保额。商业性地震险的保险金额与费率则根据所处地区地震等级、建筑物的建筑等级以及其他一些因素进行综合考量（表3–9）。

表3–9  商业地震保险金额与费率[1]

| 基本费率 | | | | 楼层费率系数 | | 动产费率系数（按使用性质划分） | |
|---|---|---|---|---|---|---|---|
| 地震等级地区 | 建筑等级 | | | | | | |
| | A | B | C | | | | |
| 第一区 | 0.77 | 1.28 | 2.05 | 5层以下 | 1.0 | 住户 | 0.5 |
| 第二区 | 1.13 | 1.88 | 3.01 | 6～12层 | 1.1 | 商户 | 0.7 |
| 第三区 | 1.67 | 2.69 | 4.10 | 13层以上 | 1.2 | 工厂 | 1.0 |
| 第四区 | 2.98 | 5.38 | 8.07 | | | | |

| 保险金额 | 免赔额 |
|---|---|
| 以火灾保险金额的80%计算，最高不超过100% | 总保险金额的1%～10%，最高额为400万～1200万元新台币。当免赔额为5%时，可减少附加费率10%；当免赔额为10%时，可减少附加费率25% |

注：

第一区为新竹、台中、高雄、桃园县、南投县、彰化县、澎湖县、金门、马祖等；第二区为台北、基隆、宜兰等；第三区为台南市、台南县、台东县；第四区：嘉义市、嘉义县、花莲县。

A级为钢筋水泥、木质平房；B级为钢筋水泥，外墙为砖；C级为除A级、B级以外的其他建筑物。

如果房屋所有权人向银行贷款并有投保住宅地震基本保险，当地震造成房屋全损时，依据住宅火灾及地震基本保险抵押权附加条款规定，保险公司将保险金的60%优先按抵押权顺位清偿抵押权人（银行）。

另外，全台湾地区住宅地震保险的总额度也有所提升，目前同一次地震事故赔偿总限额为1000亿元新台币（2009年以前为500亿元新台币，2009~2021年为700亿元新台币）。

需要注意的是，台湾住宅地震基本保险为一年期的保险，因此必须逐年续保，才能在发生地震时得到相应的保险补偿。

---

[1] 王和，王平．中国地震保险研究［M］．北京：中国金融出版社，2013．

### （三）台湾地区地震保险制度的运行机制

住宅地震保险基金是台湾地区地震保险制度的核心，该基金被定义为财团法人，具体负责与财产保险公司协调承保和理赔事项，管理相关业务，和承担最终风险。财团法人住宅地震保险基金设董事会，董事会成员由财政主管部门聘任。第一届董事会由 9 人组成：财政主管部门代表 3 人、财政主管部门指定学者专家 3 人、财产保险业代表 2 人、台湾再保险公司代表 1 人。随后的董事会改为 11 人组成：财政主管部门代表 3 人、财政主管部门"国库署"代表 1 人、专家学者 4 人、保险共保组织代表 3 人。

住宅地震保险基金设有 2 个监察，也都是由财政主管部门聘任。另外，为了健全业务发展、确保财务及管理的正确性和完整性，基金还设有稽核小组，该小组隶属董事长，具体负责稽核业务并定期评估各部门绩效。随后，住宅地震保险基金还设立发展规划工作小组，由基金总经理担任召集人，小组委员从财险公司、政府部门、专家学者和基金工作人员中聘任。规划小组下设有危险分散与费率、承保理赔与法制、信息与教育推广三个分组。具体业务部门包括业务处和管理处，业务处主要负责办理住宅地震保险的承保、理赔、风险分散、与财险公司联络、信息收集和数据库建设等事宜，并负责具体组织召开发展规划小组会议与分组会议；管理处主要负责资金运用、筹措资金、编制年度决算、人事考核任免、档案管理、制定内部规章制度等。

台湾地区的地震风险主要由台湾地区行政当局、私人保险公司、再保险和资本市场承担，即有多层次的风险转移和灾后融资渠道，见图 3-4。一次地震事故赔偿总限额 1000 亿元新台币的风险分散机制在大体上分为两层：第一层，42 亿元新台币及其以下的风险，由住宅地震保险共保组织承担；第二层，其余 958 亿元新台币的风险（不包括第一层的 42 亿元新台币），由地震保险基金承担及分散，其中，518 亿元新台币及其以下部分的风险，和超过 658 亿元新台币至 958 亿元新台币部分的风险，由地震保险基金视业务需要及市场的成本情况，安排境内外再保险市场或资本市场进行分散或自留（地震保险基金最高承担 330 亿元，再保险市场最高承担 200 亿元）；超过 518 亿元且在 658 亿元新台币以内的 140 亿元新台币风险，由地方政府承担。风险分散机制各层承担限额均以一次地震事故保险损失（保险损失指承保损失及处理理赔所产生的费用）金额为计算依据。如在保险期间连续 168 小时内发生 2 次以上地震灾害事故，视为同一次事故。同一次地震事故合计应赔付保险损失总额超过各层危险承担限额总额时，按比例削减各笔赔付给被保险人的赔款金额。各层危险承担限额由地震保险基金视投保、理赔的具体情况定期进行总结和检讨；如需进行调整，可拟定调整方案报请主管部门审批。

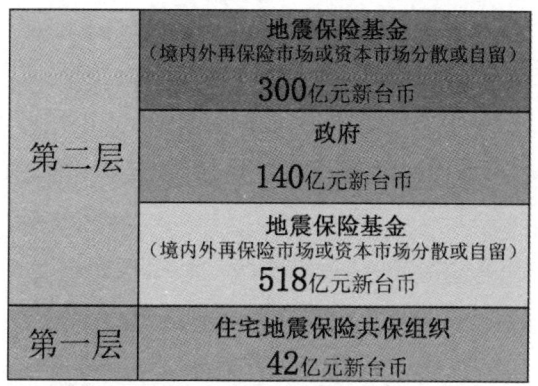

图3-4　台湾地区住宅地震保险风险分散机制

### （四）台湾地区地震保险制度的特点

（1）由独立的财团法人住宅地震保险基金作为地震保险制度的核心组织，协调承保、理赔事宜，安排风险分散等。

（2）地震保险具有强制性，居民投保住宅火灾保险时自动包括地震保险。

（3）对住宅与商业用房实行不同的保险方式。住宅地震保险由政府和商业保险公司共同经营；商业用房地震保险则由商业保险公司经营，政府不参与。

（4）保险公司承保住宅地震保险后，将保费收入全额分保给地震保险基金，地震保险基金再向由保险公司组成的共保组织、岛内外再保险市场及资本市场分散风险。

（5）如发生特大震灾，基金不足以支付时，可请求财政主管部门提供融资担保。

（6）针对住宅地震保险理赔事宜，地震保险基金制定了《住宅地震保险理赔作业处理程序》《住宅地震保险合格评估人员统一协调调度标准作业程序》与《住宅地震保险灾区联合理赔服务中心标准作业程序》等作业处理程序，并在每次震后成立住宅地震保险理赔中枢小组等，以期在发生地震后能够简明、快速及公平地处理保险理赔案件。

# 第四章

# 我国地震保险事业现状

WOGUO DIZHEN
BAOXIAN SHIYE
XIANZHUANG

由于地震属于巨灾风险，不符合大数定律，因而保险公司很难承保。然而，地震给社会带来的损失是巨大而惨痛的。各国实践显示，只有建立行之有效的地震保险制度，才能将损失降到最低。

地震风险相对于一般的风险属于巨灾风险，损失范围大，灾害程度严重，不仅会直接造成人员伤亡和财产损失，一段时间内还会伴随有许多次生灾害。

保险作为风险转移的一种重要手段，可有效防范地震风险，其重点体现在地震前的预防和地震后的经济补偿。保险公司在承保地震巨灾风险后，为减少可能的灾害损失，会把防重于赔的理念放在经营管理的重要地位，利用保险业的经验和技术为投保人提供风险管理服务，积极参与社会防灾防损工作，普及地震避难和自救知识，在最大程度上降低巨灾事故的损失。同时，地震巨灾保险将足够多的、面临同样风险的客户集中起来，通过收取保费和政府财政投入，建立地震巨灾保险基金，进行损失分摊的风险处理安排。一旦发生地震灾害，投保人的大额损失即可通过地震保险基金得到补偿。

2008年以来，我国经历了多场严重的地震灾害，其中，最为严重的汶川8级地震造成直接经济损失达8451亿元，财政资金承受了大压力。但是保险业在此次地震灾害中的赔付占直接经济损失总额比重不足0.2%。可见，我国地震保险的发展空间仍然很大。我国的地震活动具有频率高、分布广、震源浅、强度大等特点；另外，震中区域内的大中城市也较多。由于地震灾害损失的不可避免性及地震灾害破坏的严重性，要恢复灾区的正常生活与生产活动并不是一件容易的事，所以，在地震救灾中，建立合理的地震灾害补偿机制进行经济补偿是必不可少的。因此，我国的地震保险业也一直在快速发展。

## 一　我国地震保险的发展历程

事物的发展与其历史变迁总是互为因果。所以，要了解中国地震保险的相关问题，就需要了解中国地震保险的发展历史，以把握形成当前我国地震保险现状的内在原因。

中国是一个地震灾害频发的国家，我国政府也十分重视地震保险工作。地震保险责任最早在1950年实行的职工团体火灾保险中就已经有规定，但是地震保险在我国的发展历程却较为曲折。从1949年我国第一家国有保险公司成立，到1958年国内保险业务停办，这期间，中国人民保险公司经营的保险业务中均涵盖了地震责任。1979 年底，国内保险业务恢复后，保险产品条款设计仍然沿用原有的办法，仍将地震作为财产保险的基本责任。直到 1996 年，当时的监管机构中国人民银行考虑到地震等巨灾风险对保险公司经营稳定的不利影响，在新的保险产品条款中取消了地震等巨灾风险，地震等巨灾不再作为财产保险的基本责任，而改为附加责任的形式承保。虽然中国没有建立系统的地震保险制度，但我国的地震风险保障领域也不是一片空白。在人身保险中，地震通常属于保险责任，也一直都存在；而在财产保险中，地震责任在相关险种中经历了数次改变，主要为以下六个时期。

### （一）地震保险的起步阶段（1949—1958 年）

新中国成立后，为了尽快恢复国民经济，发展保险事业，经党中央批准，中国人民保险公司于 1949 年 10 月 20 日成立。作为新中国成立后的第一家国有保险公司，中国人民保险公司为配合国民经济的恢复和发展，迅速在全国建立分支机构，积极开展保险业务。我国的地震保险业务也从这个时期开始起步。中国人民保险公司在 1950 年 7 月 8 日颁布的《职工团体火险办法》、1951 年 1 月 1 日颁布的《火灾保险条款》、1951 年 10 月 1 日颁布的《简易火灾保险办法》，以及政务院财政经济委员会 1951 年 4 月 24 日颁布的《财产强制保险条例》，均把地震列入财产保险的基本责任范围，开创了我国包括地震在内的巨灾责任财产保险。按照国务院的决定，由中国人民保险公司负责具体推动，到 1952 年年底，国家机关、国营企业、合作社的绝大多数财产都办理了财产强制保险，地震风险得到了较好的保障。同时，在部分省份还为农业生产提供了包含地震在内的巨灾风险保障。被保险人只要投保了财产保险，也就同时投保了地震保险，财产险的保险金额也就是地震险的保险金额。在这一时期，我国具有广泛的地震保险供给，是世界上地震等巨灾保险普及率最高的国家之一。

### （二）地震保险的空白阶段（1959—1979 年）

由于历史原因，中国的保险业才刚刚开始起步不久，就在 1958 年开始逐步停办，并于 1959 年全面停办国内保险业务。在 1959 年以后的将近 20 年里，我国国内保险业一片空白，相应的地震保险业务也停办了。

在 1959—1979 年这 20 年的保险业停滞期里，中国地震保险业侥幸避开了 1966—1976 年的中国大陆地震活跃期，躲过了 1976 年唐山大地震的冲击，在唐山大地震灾后，国家财政承担了全部损失，中国地震保险业基本没有受到影响，从而掩盖了地震这种巨灾风险对保险经营的冲击，甚至是毁灭性的打击。但也正由于这个原因，让我国在保险理论上忽视了对地震责任的研究，也对地震保险的法律和行政体系建设，对开展业务的技术方法等方面没有给予足够的重视。

### （三）地震保险的恢复发展阶段（1980—1995 年）

1979 年 11 月 19 日，中国人民银行在北京召开了全国保险工作会议，研究在新的历史条件下恢复国内保险业的方针任务。1980 年我国恢复保险业后，地震被列入财产保险正常的责任范围。1990 年国务院以国发〔1990〕62 号文件要求和动员各类企事业单位，尤其是生命线工程，以及广大群众积极参加中国人民保险公司开办的各类保险。1992 年又以国办发〔1992〕12 号文件提出："开展地震保险是实现社会互助、减轻国家财政负担、提高抗震救灾能力的有效途径。"1993 年 4 月 9 日，中国人民银行在《关于下发全国性保险条款及费率（国内保险部门）的通知》中，还特别重申了破坏性地震属于财产保险的责任范围。根据当时保险条款的释义，被列入责任范围的破坏性地震是指震级在 4.75 级以上且烈度在 6 度以上的地震[1]。1995 年 6 月 30 日，《中华人民共和国保险法》颁布，并于同年 10 月 1 日起正式实施，这是新中国成立以来的第一部保险基本法。

这一时期，在政府的大力支持和保险公司的积极推动下，地震保险市场的规模迅速扩大，受益面也迅速拓宽。受当时计划思维的影响，保险作为国家财政后盾的一种经济形式，可以说能保的都保，作为巨灾风险的地震更是常规保障条款内容之一。面向企事业单位的众多保险产品，如财产险、工程险、车险、船舶险等，面向普通居民的家庭财产险以及面向农村的农业险，均包含了地震风险。地震保险实现了普遍和充分的供给。这一时期的地震保险制度，是建立在全国统一核算，财产险的各种保险责任综合算账，以及财政兜底的基础上的产物；地震保险提供了有力的风险保障，特别是在 1988 年云南澜沧－耿马 7.6 级地震发生后，保险业及时赔付受保的损失财产，对企业和居民恢复生产、重建家园起了积极作用。需要说明的是这一时期的地震处于相对平静期，发生破坏性地震的次数相对较少；地震保险虽然在仅发生的几次中强地震中发挥重要作用，但由于地震保险制度缺乏精算依据、巨灾损失难以控制等因素，多造成了保险公司的部分亏损。

---

[1] 刘小群，王东明 . 我国地震保险发展浅析 [J] . 中国减灾，2019（17）.

### （四）地震保险的停滞调整阶段（1996—2000 年）

按照保险法的规定，财产保险与人身保险于 1996 年实现了分业经营。随着与国际保险业的接轨，并考虑到我国地震保险缺乏科学的精算基础，为确保保险公司稳健经营，当时保险业的监管机关——中国人民银行于 1996 年 5 月发布了《关于印发＜财产保险基本险＞和＜财产保险综合险＞条款、费率及条款解释的通知》（银发〔1996〕187 号），明确将地震所造成的一切损失列入财产保险的责任免除条款。《财产保险基本险》和《财产保险综合险》条款、费率及条款解释于 1996 年 7 月 1 日执行。地震风险由此被列为企业财产保险的除外责任，不予承保，而改为以附加责任的形式单独承保，地震保险的经营受到严格控制。

1997 年，第八届全国人民代表大会常务委员会第二十九次会议通过了《中华人民共和国防震减灾法》，其中，第二十五条规定：国家鼓励单位和个人参加地震灾害保险。这表明地震灾害保险已得到国家的重视与关注，以法规条文形式鼓励人们参加地震保险，地震保险的法律地位得到确立。

考虑到未经批准扩展地震保险责任会致使地震风险迅速累积，严重影响保险公司的稳健经营，2000 年 1 月，中国保险监督管理委员会下发《关于企业财产保险业务不得扩展承保地震风险的通知》（保监发〔2000〕8 号），再次强调了各个保险公司必须严格执行中国人民银行 1996 年颁发的《财产保险基本险》和《财产保险综合险》条款，强调：鉴于地震风险属于巨灾风险，而我国尚未建立相应的风险控制制度，为有效防范保险公司经营风险，未经保监会同意，任何保险公司不得随意扩大保险责任，承保地震风险；未经保监会同意，中国再保险公司不得接受地震保险的法定分保业务，任何保险公司不得采取向国际市场全额分保的方式承保地震风险；对于有特殊情况的，确需要扩展承保地震风险的，保险公司应按照"个案审批"的原则，报送保监会批准。

### （五）地震保险的转折成长阶段（2001—2008 年）

随着保险市场的进一步发展，面对社会经济发展中客观存在的地震保险需求，2001 年 8 月，保监会连续下发《关于进一步加强企财险扩展地震风险管理的通知》（保监发〔2001〕61 号）、《关于规范企财险扩展地震险审批程序的通知》（保监发〔2001〕96 号）、《关于印发＜企业财产保险扩展地震责任指导原则＞的通知》（保监发〔2001〕160 号），明确地震保险只能作为企财险的附加险承保，允许在坚持科学承保、控制风险的原则下将地震险作为企业财产保险的附加险予以承保，但不得作为主险单独承保；明确地震保险需要在保单中单独列出费率，不得以零费率承保；并对地震保险经营中的相关问题进行了规范，适当放宽了对保险公司承保地震风险的限制，包括规定各保险公司承保地震保险须使用单独的地震险条款，条款由各保险公司自行制定，并于事前报保监会备案等。2002年12月，中国保监会明确取消58项行政审批项目，其中包括地震险最大自留额的确定方法备案和地震险法定分保审批两个项目，这些举措实际上是取消了地震保险的报批制度。2003年，中国保监会完成并提交了《建立我国家庭财产地震保险研究报告》，将享受地震保险保障的范围扩大至家庭财产领域。温家宝总理对该报告批示：深入研究地震保险方案，加快推进震灾保险体系建设。相关举措进一步推进了地震保险的基础研究工作。

而在地震保险技术管理方面，自2004年7月1日起，中国保监会要求财产保险公司及再保险公司必须配备精算责任人，财产保险公司及再保险公司对向监管部门提交的保险产品费率报告、责任准备金评估报告、偿付能力报告必须由精算师签署专业意见。在以上措施实施后，财产保险公司在准备金提取、产品定价等方面的专业能力与技术水平取得了长足进步。另外，为满足财产保险公司财务精确核算的需要，尤其是上市披露的要求，中国保监会首先从《非寿险责任准备金提取办法》开始，着手建立非寿险精算技术标准体系。经过努力，《非寿险责任准备金提取办法》以及与此相配套的《非寿险责任准备金提取办法实施细则》与《非寿险责任准备金报表》在2005年初正式颁布与实施。《非寿险责任准备金提取办法》的制定与颁布是中国非寿险精算界与财务界一个具有里程碑意义的大事，标志着中国非寿险经营与管理朝着科学化、精细化、规范化与国际化的方向大大前进了一步[1]。

这一时期虽然政策上已经消除了禁止性规定，保险公司在企业财产地震保险方面具有了较大的自由度，部分保险公司也进行了一些地震保险产品设计和经营管理的探索，但大部分保险公司对于扩展地震保险条款都采取了相对谨慎的态度，客户对地震保险扩展条款的接受程度也不是很高，地震保险业务发展仍十分缓慢。

2006年，国务院《关于保险业改革发展的若干意见》指出，要完善多层次

[1]程漠大，许可心.建立我国地震保险制度的可行性分析[J].改革论坛，2019（03）.

的农业巨灾风险转移分担机制,探索建立中央、地方财政支持的农业再保险体系,并提出建立国家财政支持的巨灾风险保险体系,这使得巨灾保险重新进入大众视野。

中央政府和有关部门也高度重视地震保险制度的建立。《国家防震减灾规划（2006—2020 年）》指出：要"积极推进适合我国国情的地震保险制度建设""建立以财政投入为主体,社会捐赠和地震保险相结合的多渠道投入机制"。

### （六）地震保险的快速发展阶段（2008 年至今）

2008 年汶川地震造成了 8451 亿元以上的巨额经济损失,但是保险公司的赔付不到全部经济损失的 0.2%,与国际平均水平 30% 以上的保险赔偿相差甚远。地震保险相对缺乏的现实再次成为社会各界关注的焦点。

基于地震风险损失巨大以及商业保险公司承保能力的限制,政府参与成为巨灾保险进一步发展的必然之选。2008 年汶川地震发生后,巨灾保险的呼声愈发强烈,此后巨灾保险相关制度开始陆续出台。也正是随着市场需求的逐渐增大以及相关研究的不断深入,中国地震保险迎来了快速发展时期。

党的十八大以后,中央明显加快了地震保险的发展。党的十八届三中全会通过的《中共中央关于全面深化改革若干重大问题的决定》,明确提出完善保险经济补偿机制,建立巨灾保险制度。

2014 年国务院出台《国务院关于加快发展现代保险服务业的若干意见》(国发〔2014〕29 号),要求加快巨灾保险制度建设,逐步形成财政支持下的多层次巨灾风险分散机制。

2015 年在保监会的支持下,45 家财产保险公司根据自愿参与、风险共担的原则共同组建了中国城乡居民住宅地震巨灾保险共同体（简称住宅地震共同体）,采用市场化的运作机制分担灾害损失。2015 年 8 月,全国首个农房地震保险试点在云南省大理白族自治州启动;深圳、宁波、四川等部分地区也先后启动巨灾或地震保险试点,并取得了一定的进展和成果。

2016 年 5 月,中国保监会、财政部印发了《建立城乡居民住宅地震巨灾保险制度实施方案》,结合我国国情,以地震巨灾保险为突破口,探索建立专项巨灾保险制度。这一阶段的地震保险产品设计主要采取"保基本、广覆盖、价格低、易接受"的原则,具体体现在如下几个方面。（1）保障对象,以城乡居民住宅为保障对象,以达到国家建筑质量要求及抗震设防标准的建筑物本身及室内附属设施为主。（2）保险责任，发生4.7级（含）以上且最大烈度达到Ⅵ度以上的地震，及其引发的海啸、火灾、火山爆发、爆炸、地陷、地裂、泥石流、滑坡、堰塞湖及大坝决堤造成的水淹等次生灾害，造成城乡居民住宅一定程度损失的，在保险责任范围内。（3）保险金额，结合我国居民住宅的总体结构、平均再建成本、灾后补偿救助水平等情况，按城乡有别确定保险金额，城镇居民住宅基本保额每户5万元，农村居民住宅基本保额每户2万元，每户可与保险公司协商确定保险金额，运行初期最高不超过100万元。（4）条款费率，以中国保险行业协会发布的示范条款为主，结合地区地震风险高低、建筑结构不同等因素确定，并适时调整，努力以较低价格投放市场。（5）保险理赔，参照国家地震局、民政部制定的国家标准，根据破坏等级分档理赔：当破坏等级在Ⅰ—Ⅱ级时，标的基本完好，不予赔偿；当破坏等级为Ⅲ级（中等破坏）时，按照保险金额的50%确定损失；当破坏等级为Ⅳ级（严重破坏）—Ⅴ级（毁坏）时，按照保险金额的100%确定损失。同年，首款全国性巨灾保险产品——住宅地震保险在全国正式全面销售，标志着我国城乡居民住宅地震巨灾保险制度正式落地，也是我国巨灾保险制度由理论向实践迈出的重要一步。

2016年7月28日，习近平总书记在唐山抗震救灾和新唐山建设40周年之际调研考察时，对防灾减灾工作作重要指示。同年12月《中共中央 国务院关于推进防灾减灾救灾体制机制改革的意见》印发并实施，意见指出，要正确处理人和自然的关系，正确处理防灾减灾救灾和经济社会发展的关系，坚持以防为主、防抗救相结合，坚持常态减灾和非常态救灾相统一，努力实现从注重灾后救助向注重灾前预防转变，从应对单一灾种向综合减灾转变，从减少灾害损失向减轻灾害风险转变，落实责任、完善体系、整合资源、统筹力量，切实提高防灾减灾救灾工作法治化、规范化、现代化水平，全面提升全社会抵御自然灾害的综合防范能力。同时，要充分发挥市场机制作用，坚持政府推动、市场运作原则，强化保险等市场机制在风险防范、损失补偿、恢复重建等方面的积极作用，不断扩大保险覆盖面，完善应对灾害的金融支持体系。加快巨灾保险制度建设，逐步形成财政支持下的多层次巨灾风险分散机制。统筹考虑现实需要和长远规划，建立健全城乡居民住宅地震巨灾保险制度。鼓励各地结合灾害风险特点，探索巨灾风险有效保障模式。积极推进农业保险和农村住房保险工作，健全各级财政补贴、农户自愿参加、保费合理分担的机制。

2017年5月2日，财政部出台《城乡居民住宅地震巨灾保险专项准备金管理办法》（财金〔2017〕38号），以推动居民住宅地震保险的试点，支持多层次巨灾风险分散机制的形成。

2018年5月，中再集团发布我国第一个经中国地震学会认证、拥有自主知识产权、可商业应用的地震巨灾保险模型。

2019年8月22日，在"中国再保险第三届巨灾风险与保险高峰论坛"暨中国地震巨灾模型发布会上，中再集团发布了中国地震巨灾模型2.0，模型能够模拟中国大陆及其周边地区500万年共计3亿多个地震随机事件，首次实现精准测算中国不同建造年代、高度、用途、结构体系等上万种建筑物在模拟地震中的经济损失、保险损失，模型计算极快，计算结果符合我国实际。该模型是政府、学术界和企业主动创新、协同发展的重要成果，已获中国地震学会权威认证，达到国际先进水平，模型平台经权威软件测评机构测试认证，技术鉴定证书、用户文档和技术文档完备，培训和运营服务体系完整，已达到商业级应用要求。中国地震巨灾模型的发布将从根本上改变我国长期依赖美国、日本模型产品的历史，为保险业深度参与地震防灾减灾注入新动能，对系统性提升我国地震巨灾风险量化管理能力具有里程碑意义。

2020年11月5日，中再集团与中国地震局联合在北京举办"中国再保险第四届巨灾风险与保险高峰论坛"。在此次论坛上，双方签署了战略合作协议，并联合发布了中国地震巨灾模型3.0。此模型3.0是基于2.0版本的迭代升级，是地震学界与保险业界协同创新的一项重要成果，它新增了10年尺度地震重点监视防御地区事件集、地震人员伤亡模型以及震后损失快速评估系统等，并根据行业应用经验反馈，改善了用户体验，在科学性、准确性和实用性等方面有较大提升。

2021年9月，为支持有意愿的内地保险公司在香港市场发行巨灾债券，中国银保监会发布《关于境内保险公司在香港市场发行巨灾债券有关事项的通知》，积极探索通过香港对接全球资本市场、分散中国巨灾风险的做法。2022年10月，中国共产党二十大召开后，中国人保财险集团统筹发展与安全关系，为完善巨灾风险管理体系、构建再保险和保险风险证券化的"双支柱"风险分散体系，于2022年12月首次在香港发行地震巨灾债券，这对地震保险事业具有里程碑意义。

截至2022年6月末，地震巨灾保险共同体累计为全国1876万户次居民提供7087亿元的地震巨灾风险保障，累计赔款约9636万元。

可见，多年来，在政府和各相关部门的共同努力下，中国地震保险事业全面服务国家安全，取得了明显的减灾实效，自身也得到快速发展。

## 二　建立我国地震保险制度的可行性

### （一）已具备建立地震保险制度的经济基础

#### 1. 国民经济持续高速增长

新中国成立以来，在中国共产党的领导下，我国经济快速发展。尤其是改革开放以来的 40 多年里，我国经济不仅实现了长期、快速增长，而且实现了平稳增长。以国内生产总值（GDP）为例，国家统计局记录显示，我国年 GDP 在 1952 年仅有 679.1 亿元，至改革之初的 1978 年，也只有 3678.7 亿元，而随着改革开放后国民经济快速发展，我国年 GDP 总量在 2010 年赶超日本，成为全球第二大经济体，到 2020 年，我国年 GDP 突破百万亿元，增长至 1015986 亿元，40 多年增长了约 275 倍。这使我国有了更好的经济基础去设立地震保险基金，进行地震保险制度的相关建设。

#### 2. 非公有制工商企业规模增长

随着中国改革开放后的经济快速成长，我国的个体私营企业已成为我国社会主义市场经济的重要组成部分，根据全国工商联调查数据显示，21 世纪前十年，全国私营企业数量年均增长约 19.6%，注册资本年均增长约 35.7%。但是非公企业对于地震等巨灾风险的承受能力有限，所以，地震保险成为一种很有意义的补偿手段。个体私营经济的蓬勃发展，也为地震保险业带来更多的潜在投保主体，从而可能增加保险公司的保费收入，进一步增强其承保能力。

#### 3. 居民收入水平不断提高

我国居民人均可支配收入在逐年增加，2005 年我国居民人均可支配收入突破 10000 元，到了 2008 年城镇居民人均可支配收入达到 15781 元，比上年增长 14.5%。同时，由于政府近几年来大力发展农村经济，采取工业反哺农业等措施，农村经济得到了快速发展，农村居民人均纯收入逐年提高，特别自 2003 年起有了快速增长，2005 年超过 3000 元，2008 年全国农民人均纯收入达到 4761 元，年增 621 元，是历史上增长最快的一年。党的十八大以来，我国农村每年脱贫人口持续达到 1000 万人以上，贫困人口总量从 2013 年的 8249 万人降至 2018 年的 1660 万人，贫困发生率相应地从 8.5% 降至 1.7%。自 2012 年以来，经过

8年持续奋斗，至2020年底，中国现行标准下农村贫困人口已经全部脱贫，贫困县已经全部摘帽。农村贫困地区居民收入持续增长，与全国农村总体水平的差距有所缩小。随着居民收入水平的不断攀升，加之人们对保险观念的改变，人们对地震保险的需求逐渐增强，为地震保险制度的建立提供了极大的契机。

### （二）我国保险业已有一定的抵抗巨灾风险的能力

自1980年我国恢复保险业后，经过40多年的发展，中国保险业已经粗具规模，承保能力增强，具有了一定的抵抗巨灾能力。

#### 1. 保险市场规模高速增长

根据银保监会的统计数据，2008年4月，保险资产总规模达到3.03万亿元，首次突破3万亿。从1980年到2004年初，保险业积累第一个1万亿元资产用了24年；到2007年1月，保险总资产数额为2.0967万亿元，实现第二个万亿元用了3年。2008年我国保险业共实现原保险保费收入9784.1亿元，较上年增长39.1%，是2002年以来增长最快的一年，保险业资产实力明显增强，2008年末，保险业总资产3.3万亿元，较年初增长15.2%，保险资金运用余额3.1万亿元，较年初增长14.3%。2020年，中国的保险行业资产总额达23万亿元以上，比2019年的保险行业资产增加了2.73万亿元，同比增长14.84%。2021年1月份至10月份，保险业累计实现保费收入3.91万亿元，同比增长3.2%；提供保险金额9411.43万亿元，同比增长29.26%；各项赔款与给付支出1.27万亿元，同比增长16.52%。当年提供保险金额同比增速为保费收入同比增速的近10倍，各项赔付支出同比增速为保费收入同比增速的5倍以上，保险保障功能更加充分发挥，人民群众获得感大大提升。与此同时，保险市场主体间竞争更加充分，市场集中度进一步下降。据统计，2008年共有10家新的保险公司开业运营，使得保险市场主体由2007年的120家增加到130家。而截至2020年6月，已经在银保监会注册，并且相关信息公开的正规保险机构达到了235家。由此可知在保险行业整体实力提升的同时，我国保险市场主体结构日益优化，基本形成了功能相对完善、分工比较合理、公平竞争、共同发展的市场体系。

#### 2. 保险业的经营管理能力逐渐增强

随着我国的改革开放及保险业的迅猛发展，保险公司的经营管理水平逐渐与国际接轨，其经营管理能力也逐渐增强。具体表现在：

（1）国内保险公司谋求上市和建立法人治理结构。2007年，中国人寿、中国平安、太保集团三大保险集团一起在 A 股市场上市。中国人寿上市后总市值超过美国国际集团，成为全球市值最大的保险公司；中国平安上市后以 50 元的开盘价登陆 A 股市场，最高股价更一度达到 149.28 元 / 股，成为 A 股市场首个突破百元的金融股；中国太保集团作为 2007 年最后一只上市的蓝筹股，上市之后表现出色，首日涨幅高达 60%。

（2）保险企业产品与服务创新加快。中国各家保险公司借鉴国外经验，陆续推出各类新型险种。同时停办一些长期亏损的落后老旧险种，逐步改造和完善已有的重要险种，优化了保险市场的产品结构，收到了良好的经济效益和社会效益。

（3）资金运用和综合经营迈出重大步伐。得益于资产价格的持续上涨和投资渠道的拓宽，我国保险业的资金运用稳步增长。截至 2020 年年底，我国保险业资金运用余额为 21.68 万亿元，较 2019 年末增长 17.02%。其中，债券投资规模达 7.93 万亿元，较上年末增长 23.89%，占比为 36.6%。同时，资产配置结构变化，顺应了债市收益下降、股市稳步增长的市场格局，有效规避了市场风险。

### 3. 保险业的技术管理能力逐渐增强

1996 年，按照中国人民银行的通知，地震风险被列为企业财产保险的除外责任，不予承保，中国的地震保险受到一定的限制。但是相关部门和研究人员并没有停止对中国建立地震保险制度的研究。近年中国保险研究所、中国人民保险公司联合国家地震局和国家科委等多部门共同分析我国地震灾害损失的分布情况，估计了地震灾害最大可能损失，提出了几种地震保险方案，绘制了我国地震保险纯费率图，构建了地震风险管理系统保险模型框架。

随着保险市场的进一步发展，面对社会经济发展中客观存在的地震保险需求，2001 年 8 月，保监会下发《企业财产保险扩展地震责任指导原则》。2002 年 12 月，中国保监会明确取消 58 项行政审批项目。2003 年，中国保监会完成并提交了《建立我国家庭财产地震保险研究报告》，将享受地震保险保障的范围扩大至家庭财产领域。2005 年初正式颁布与实施《非寿险责任准备金提取办法》，标志着中国非寿险经营与管理朝着科学化、精细化、规范化与国际化的方向大大前进了一步。

### 4. 我国的资本市场可提供融资渠道

20 世纪 90 年代国际金融市场出现了保险证券化的新趋势。在中国，股票市场自 1990 年沪深两市建立，到现在的 30 多年里，从服务国企改革，到中小板、创业板、新三板、科创板相继推出，已发展成为市值规模全球第二的金融市场。在 2005 年，沪深两市总市值还不过 3 万亿元，到 2008 年，两市总值超过 21 万亿元，是全国所有财产保险公司资产规模的 54 倍，而到了 2020 年，深沪两市总值已突破 80 万亿元。除了数量不断扩容之外，金融市场中的行业类型也逐渐丰富。国内资本市场的快速扩容和成熟，为保险公司的风险证券化操作成为可能，可将承保的部分风险转移到资本市场，增强自身对地震风险的承受能力。

综上，随着我国国民经济的持续增长，工商企业规模扩大、居民收入水平提高，让我国建立地震保险制度有了有效的经济需求；而我国保险业实力增强，为建立地震保险制度提供了有力的供给方；资本市场容量增大，也使得地震风险可以通过证券方式充分分散。

另外，全社会地震风险意识相对增强，也为我国建立地震保险制度提供了意识形态基础。

## 三 我国地震保险制度的现状

我国的地震保险还处于起步阶段，目前主要以财产保险附加险的形式出现，保费收入和保险金额还都比较低，离完善还有很长一段路。作为附加险种，比较常见的形式包括：建筑（安装）工程一切险地震责任特约条款，企业财产保险地震责任扩展条款，家庭综合保险附加地震责任扩展条款等。

例如中国人民保险公司在开展地震保险时规定凡是由地震灾害引起的生命和财产损失都属于地震保险的承保范围，即主险合同范围内的房屋及室内附属设施、室内财产因破坏性地震（国家地震部门公布的震级达到 M5 级且烈度达到 Ⅵ 度以上的地震）振动或由地震引起的海啸、火灾、火山爆发、埋没、爆炸、地陷、地裂、泥石流及滑坡造成的损失都属于承保范围。其中针对免赔金额的规定也比较高，为 20%。

在一些保险公司的家庭财产保险中，也出现了附加地震责任扩展条款，如人保财险的"居家无忧"家庭财产保险组合产品中附加了地震责任扩展条款。

2005 年江西省九江发生了 M5.7 级地震之后，九江也开展了地震保险，由江西大地保险公司推出"大地解忧"房屋地震保险，进行试点运行。该险种以城乡居民为被保险人，承保里氏震级 3.8 级以上的地震；被保险人以户为单位，每年按房屋价格的 1% 缴纳保费，一旦发生保险事故，保险公司将对民用居住房屋因地震灾害所造成的经济损失给予相应补偿，被保险人最高可获赔房屋价格的80%。但经营的结果却不理想。这主要是因为，一方面，地震保险风险较大，保险公司并不会主动推销；另一方面，保费率为1%，投保费用较高，影响投保人投保积极性。这样就使得地震保险的经营面临了双重困难，投保率低，发展受到限制。

总体来看，我国的保险公司已经开始经营地震保险，但业务发展得很缓慢，理赔金额在地震损失中的比重也很低。由于投保率很低，以及既往中国人民银行通知中对地震风险除外责任的规定，保险公司的最终赔偿金额也不会很高。

虽然我国的地震保险仍处于初级阶段，但在政府推动下，在制度设计、立法以及政策支持方面已有一定作为。例如，成立了中国城乡居民住宅地震巨灾保险共同体，采取整合承保能力、准备金逐年滚存、损失合理分层的模式运行，进一步整合了行业承保能力。目前已基本形成了商业运作、政策支持、保障基本、分层负担的模式，也取得了一系列成绩。

### （一）地震巨灾保险的制度体系初步建立

我国目前的地震保险制度坚持政府推动、市场运作、保障民生的原则，建立城乡居民住宅地震巨灾保险制度，明确了保障对象和责任，厘定了保险金额、条款费率和赔付机制。成立了住宅地震共同体，整合行业承保能力，搭建业务平台，开发标准化产品，建立统一的承保理赔服务标准。设立了地震巨灾保险专项准备金，按照保费收入的一定比例计提，单独立账、逐年滚存，由专门机构负责。

我国地震保险是以市场为导向的方式运作的，其经营主体为偿付能力充足、服务网点完善的保险公司，保险公司可以自愿加入中国城乡居民住宅地震巨灾保险共同体，以提供地震巨灾保险销售、承保及理赔等服务。保险公司可以按照保费收入的15%计提地震保险专项准备金。当赔款金额超过直保限额和再保险限额之和时，允许使用准备金，并鼓励通过发行巨灾债券、再保险或其他巨灾风险分散机制，多渠道分散地震巨灾风险，保证履约能力，及时足额支付赔偿。

根据城乡居民住宅地震巨灾保险制度实施方案，我国地震保险以总额控制、限额管理为主要思路。一方面，将全国范围内可能遭遇的一次地震损失控制在一定额度内，确保保险公司、再保险公司和专项准备金可以逐层承担；另一方面，对地震高风险地区实行保险销售限额管理，避免遭遇特大地震灾害时，地震巨灾保险赔款超过以上各层可筹集到的资金总和。

## （二）设立市场化的损失分担机制

再保险机制和渠道是否完善，是地震保险制度能否发挥作用的关键，二者相辅相成。1996 年，我国的人保再保险公司成立，是当时中国再保险市场上唯一专门经营再保险业务的主体。2003 年，人保再保险公司改制，成立中国再保险集团股份有限公司。同年，德国慕尼黑再保险公司开始进入中国的再保险市场，成为第一家获批在我国境内开展再保险业务的国际再保险公司，打破了中国人保再保险公司垄断中国再保险市场的情况。2008 年，法国再保险集团、德国汉诺威再保险公司在华相继成立分公司，进一步扩大了国内再保险的承保能力。随着我国再保险改革的发展，至目前，我国再保险市场中已有专业再保险公司 15 家（其中中资 7 家，外资 8 家）。截至 2021 年底，已有 529 位境外再保险人完成再保险系统登记，通过跨境交易的方式为我国再保险市场提供资金，继续注入活力。

我国再保险市场已形成多元竞争的格局。目前我国再保体系建设稳步推进，风险转移分散机制逐渐完善。

## （三）地震保险品种不断拓展

目前我国的地震保险产品供给主要有 5 个渠道。

（1）保障企业或大型项目的企业财产保险或工程保险。其中包含的地震保险业务是目前仅有的形成一定规模、发展得较为规范的地震保险。对于企业财产保险，是以附加险的方式扩展地震责任；对丁建筑及安装工程保险，是在主条款中明确保障因地震所造成的损失。工程保险是从 20 世纪 80 年代以来，唯一不间断提供地震风险保障的险种。

（2）保障居民财产损失的家庭财产保险。从 20 世纪 90 年代后期开始，包含地震责任的家财险业务已经陆续停售；但在此之前，保险公司经营的长效还本的家庭财产保险业务是覆盖地震保险的。而近几年，一些保险公司开始销售涵盖地震责任的家财险产品，例如：中国"城乡居民住宅地震巨灾保险"产品在 2016 年 7 月全面销售，标志着我国城乡居民住宅地震巨灾保险制度正式落地；上海保险交易所在 2019 年 4 月上线了多年期住宅地震巨灾保险产品，对既有产品进行了完善升级。

（3）保障农业生产的政策性农业保险。近年来，在国家的大力推动下，政策性农业保险业务快速发展，目前包含地震责任的农业保险产品集中在养殖保险领域。

（4）保障人民群众生命和意外伤害的人身保险。目前我国保险市场上的寿险和意外健康险产品，除极少数特定条款（如航意险、境外旅行、手术安全意外等）外，对于因地震所致的身故和残疾，以及相关医疗和住院开支，均在责任范围之内。

（5）分散地震风险的再保险安排。通过商业化机制对地震责任风险进行分保，通常由三个层次构成：第一层是协议分保，第二层是根据标的保额和合约条件安排商业比例合约分保与临时分保，第三层是将剩余的自留责任安排巨灾超赔保障。

### （四）产学研一体化的合作机制基本建立

从上世纪90年代开始，我国地震部门就与当时的中国人民保险公司开始了地震巨灾保险工作的积极探索。1990年9月，云南省地震局和云南省人保公司联合开展了"昆明地区地震保险的科学性研究"，为健全完善我国的地震保险制度提出了可供操作的具体方案。2015年，云南省地震局联合云南省保监局、诚泰保险公司、昆明理工大学组成云南省地震保险模型工作组，诚泰保险公司与云南财经大学共同构建和运行了全国首家产学研一体化的巨灾风险管理研究中心，同时，诚泰保险与地震、国土、气象等部门签订战略合作协议。2016年5月，中国保险学会与中国地震学会达成战略合作，共建地震灾害风险与保险实验室，推动地震灾害风险评估及损失补偿机制研究。2016年10月，中国地震局地球物理所与中再集团签订了有关支持中国地震风险与保险实验室的合作备忘录，并合作开展地震保险软件平台V1.0的研发。2017年4月，中国地震局与中国保险监督管理委员会签署战略合作协议，推进地震科技与保险的融合发展，并责成中国地震灾害防御中心牵头，联合中国地震局工程力学研究所、中国地震局地球物理研究所、人保财险等多方力量开展研讨，共同筹建中国地震灾害风险与保险重点实验室。2017年9—11月，地球物理研究所和中再集团的精算及巨灾模型专家就共同探索开发符合中国地震灾害特点和管理体制的地震巨灾保险模型进行了深入研讨，并研发地震保险软件平台V2.0。2018年5月，中国地震灾害防御中心与人保财险公司签署框架合作协议，双方着力在人才联合培养、政策研究、技术系统研发等方面深化合作。

### （五）区域试点积极推进

2014年6月，深圳在国内率先启动巨灾保险试点。该巨灾保险体系由三部分组成：政府巨灾救助保险、巨灾基金和个人巨灾保险。政府巨灾救助保险由深圳市政府出资向商业保险公司购买，用于巨灾发生时对所有在深人员的人身伤亡救助和核应急救助；巨灾基金由深圳市政府拨付一定资金建立，主要用于承担在政府巨灾救助保险赔付限额之上的赔付；个人巨灾保险由商业保险公司提供相关保险产品，居民自愿购买，主要满足居民更高层次、个性化的巨灾保险需求。该巨灾保险的保障灾种包括暴风、暴雨、崖崩、雷击、洪水、龙卷风、台风、海啸、泥石流、滑坡、地陷、冰雹、内涝、主震震级 4.5 级及以上的地震及地震次生灾害，以及由上述灾害引发的核事故风险。

2015 年 4 月，《四川省城乡居民住房地震保险试点工作方案》发布，乐山、绵阳、甘孜、宜宾四个州市成为首批城乡居民住房地震保险试点地区。试点工作先行先试、总结经验、逐渐探索。首先依法建立四川省地震保险基金，该保险基金由政府拨款、保险费计提、社会捐助等组成，首期由财政划拨 2000 万元款项作为启动资金，省级财政、试点市县财政各分摊 50% 的数额，每年财政视情况安排一定数额的资金转入。在符合相关财税管理制度的前提下，承办公司按照四川省城乡居民住房地震保险年度实收保费的 20% 计提资金转入地震保险基金，实现资金积累。地震保险基金单独立账，专项管理，当年度赔款超过直保公司和再保险公司按规定承担的损失赔偿限额时，基金启动赔付程序。政府对城乡居民住房地震保险试点提供保费补贴，鼓励试点地区城乡居民投保。地震保险的保费由投保人、市县级财政、省级财政各承担 40%、30%、30%；但城乡低保对象、农村散居五保户、贫困残疾人涉及的最低一档的保费由财政全额承担，市县级财政、省级财政各承担 50%。保险金额结合当地住房的主体结构、平均再建成本等情况合理设计，其中农村住房保险金额设有 20000 元 / 户、40000 元 / 户、60000 元 / 户三个档次，城市住房保险金额设有 50000 元 / 户、100000 元 / 户、150000 元 / 户三个档次，城乡居民可以自行选择一档进行投保。保险责任涵盖 5.0 级以上地震引起的 72 小时内余震，及泥石流、滑坡等次生灾害。由人保财险四川省份、中华联合财险四川省份、中航安盟财险四川省份、中再财险组成共保体联合承保，构建"共保体直保＋再保险＋地震保险基金＋政府紧急预案"的纵向四层风险分担机制，并划分了具体的赔付责任分担额度。

2015 年 6 月，广西壮族自治区将地震风险纳入政策性农房保险责任范围，全区农村住房因地震或地震诱发的次生灾害造成的损失都由承保保险公司负责赔偿。

　　2015 年 8 月，全国首个独立的农房地震保险试点工作在云南省大理白族自治州落地并启动，并参考深圳等多地开创的巨灾保险制度，构建以政府救助为基础、政策性农房地震保险为基本保障、商业性地震保险为补充的"三位一体"地震保险体系。该政策性地震保险由云南省民政厅与相关部门经过对试点地区的反复考察，了解民生真实情况，不断论证与修改后确定。大理州政策性农房地震保险试点采用共保的方式建立了巨灾保险分散体系，共同分散巨灾风险，由诚泰保险有限责任公司和中国财产再保险有限责任公司牵头，联合多家保险公司共同承保，缓解各保险公司理赔风险；它采用了一种新的保险模式——震级触发方式，对大理州发生的 5 级及以上的地震灾害损失进行保障，成为我国第一个政策性农房地震震级指数保险。大理州政策性农房地震保险试点为大理州所辖 12 县（市）的 82.43 万户农村房屋及 356.92 万居民的地震风险提供保障。农房地震保险的保费由省、州、县 3 级政府财政全额承担，分别由云南省省级财政承担 60%，大理州州级财政承担 16%，试点县县级财政承担 24%。该保险的赔偿限额根据发生地震的不同震级档（以 0.5 级为一档）从 2800 万元到42000 万元，并采用年累计方式，每年限额 42000 万元；受灾居民人身身故每人赔偿 10 万元，每年累计总赔偿不超过 8000 万元。由诚泰财险、人保财险、平安产险、大地保险、中华联合 5 家保险公司组成共保体承保。针对云南农房约 50% 以上为土木结构的客观实际，率先尝试建立云南农房地震易损性曲线和地震风险数据库，准确厘定农房地震保险的地震纯风险费率。这种在地震灾害频发的重灾区，设置独立的政策性农房地震保险品种，特别是具有开创意义的透明、高效的震级指数触发型保险，是目前我国农房地震风险的第二种保险保障模式。该试点运行以来，先后在昌宁里氏 5.1 级地震（2015 年 10 月 30 日）、云龙 5.0 级地震（2016 年 5 月 18 日）和两次漾濞地震（2017 年 3 月 27 日 5.1级地震、2021 年 5 月 21 日 6.4 级地震）后，完成了 753.76 万元、2800 万元、2800 万元和超过 4600 万元的赔付，积累了宝贵的政策性农房地震保险实践经验，具有典型的示范作用。可见，在试点期间，政策性农房地震保险切实发挥了经济补偿功能，使保险试点地区受灾群众在接受政府补助的同时，获得保险公司给付的额外保障，提高了民众灾后重建能力。并且它理赔手续简便，根据保险公司理赔记录显示，理赔时效均在 10 个工作日以内，最快 32 小时将赔款支付到账。

　　2016 年 5 月，河北省金融办印发了《关于我省开展城乡居民地震巨灾保险试点的工作方案》，将首个试点放在张家口，而把曾遭受过大地震的唐山作为规划中的第二个试点，并于 3—5 年内在全省推广。其中，已经开始试点实施的张家口市，在市区及各下辖县区，对所有具有张家口市籍的城乡居民，由市政府全额出资统保；城乡居民楼房住宅保额每户 5 万元，平房住宅保额每户 2 万元；相对于先行试点的四川省，保险责任扩展到了 4.7 级及以上震级地震，连续 168 小时余震都被看作一次单独事故。

2016 年 8 月，陕西保监局、陕西省民政厅、陕西省财政厅联合印发《陕西省农村住房保险实施方案（试行）》，明确将地震风险纳入综合性农房保险责任范围，并由省级财政对参加综合性农房保险附加地震责任的农村低保户和分散供养的特困户给予每户 11 元的保费补贴。2017 年 3 月，《江西省农村住房保险实施方案》由江西省民政厅下发，首次将地震风险责任纳入农房保险承保和理赔范围，以实现保险责任全覆盖的政策目标。

2018 年，云南省地震与保险相关部门向省政府提出建议：将地震保险试点扩面纳入云南乡村振兴战略的地震安全保障工作，将丽江、迪庆纳入政策性农房保险试点。

福建厦门市、新疆昌吉州、浙江宁波市、河北石家庄市也因地制宜开展地震巨灾保险专项试点工作，对减轻地震灾害风险起到积极有效的作用。

## 四　我国地震保险面临的问题及挑战

我国地震灾害频发，造成的破坏和损失极其严重，使得地震保险制度的建立存在必要。但目前，我国的地震保险还处于起步阶段，仍缺乏风险评估和业务开展的相关经验，面临着一些问题。我国目前的地震风险管理是计划经济体制下发展起来的产物，震后的灾区重建主要是依靠政府的事后救济，是中央政府主导型巨灾救助模式，即主要由民政、地震、防汛、抗旱等政府部门承担灾后的救助、安置和重建工作。对于政府来说，面对巨大的地震损失，单纯由自身财政进行经济补偿和灾后重建，其救助程度和保障水平很低。对于商业保险来说，由于我国保险业仍处于初级发展阶段，商业保险公司资本金规模小，盈利水平低，巨灾承保技术不发达，面对较大的地震巨灾风险，往往显得心有余而力不足。对于公民个体而言，投保人的风险意识、地震保险意识也相应较弱。

### （一）政府层面

#### 1. 制度保障和支持力度不大

1998 年 3 月 1 日实施的《中华人民共和国防震减灾法》第二十五条规定：国家鼓励单位和个人参加地震灾害保险。这表明地震保险已得到了国家的关注和重视，商业地震保险具有开展的基本条件。但至目前，具体政策的出台还不充分，例如，国家还未在地震保险的税收方面给予政策性支持。我国地震保险业务至今未全面开展，制度支持力度小是主要原因。

目前我国还没有关于地震保险发展的整体规划，政府在地震保险中的地位和作用还不够清晰，保险市场对于地震保险制度也缺乏一个统一和明晰的概念，导致地震保险主要集中在易于商业化运作的企业财产保险领域，而对于风险难以有效把握的家庭财产地震保险，保险公司很难推进，也不敢贸然介入。相应的地震保险体系也不够完善，例如：目前我国保险业还没有用于地震保险的独立条款和费率；中国人民保险公司没有设立单独的地震险，如果地震造成了房屋损失，要看房屋属于家庭财产还是企业财产；如果是企业财产，在一些企业财产保险的附加扩展中可以附加地震责任，如"建筑工程一切险"就附带有关地震内容；但是在一般家庭财产方面，地震是不属于保险责任的，而且"个人贷款抵押房屋保险"中，地震也不在保险范围内。

#### 2. 法律法规不够健全

法律法规的颁布对地震保险的促进作用是非常显著的。地震保险的运营过程必须有法律法规的支持才会得到进一步发展。

但是目前我国没有出台专门的地震保险法。2007 年我国颁布的《中华人民共和国突发事件应对法》和 2009 年修订的《中华人民共和国防震减灾法》中对巨灾保险都提到：国家发展有财政支持的巨灾（地震灾害）保险事业，鼓励单位和个人参加保险。以上是改革开放以来我国颁布法律初次涉及巨灾保险事业的建立。但我国现行《中华人民共和国保险法》中对巨灾保险的规定过于宏观和笼统，具体实施原则由下位法制定。法律位阶过低，最直接的后果就是全国没有统一的实施原则和具体试点内容，导致我国巨灾保险发展缓慢，涉及巨灾保险的条款较少并且全部属于指导性和鼓励性的规定，不利于构建巨灾保险制度、明确巨灾保险活动当事人的权利义务内容。各地实施办法内容主要集中于灾后补偿与经济支持，忽略了对保险防灾减损的规则制定。

目前我国主要是在试点经验的基础上出台了地方性法规，以支持试点工作。例如 2014 年 7 月深圳首先开展了巨灾保险试点工作，推行《深圳市巨灾保险方案》，承保内容包括了地震等 15 种巨灾造成的损失；紧接着在宁波、厦门、上海等地都推出了以指数保险为主的巨灾保险实施方案。

鉴于我国的地震保险规范只是在个别法律规范中提到，因此政府有必要推出专门的法律法规，对我国地震保险的机构设置、风险管理、监管、费率等方面进行一系列规定。

从国际经验来看，国外早已有地震方面的法律。例如：新西兰在 1944 年颁布了一部关于地震保险的《地震与战争损害法》，在 1993 年又一次颁布了一部《地震委员会法》；日本于 1966 年出台了《地震保险法》；法国于 1982 年颁布了《1982 年 7 月 13 日法》，并授权法国国营再保险公司设立由政府担保的法国自然巨灾保险（包括地震保险、洪水保险等）；美国于 1994 年通过了《加州地震保险法案》等。这些巨灾（包括地震）保险相关法律的出台大都有一个共同的特点，就是具体的巨灾事件的发生，推进了立法的完成。例如，1942 年新西兰首都惠灵顿地区曾遭受里氏 7.2 级地震，在 1944 年新西兰政府就颁布了一部关于地震保险的《地震与战争损害法》，将地震灾害纳入法定保险；1994 年美国在北岭地震后很快通过了《加州地震保险法案》，并设立了加州地震保险局等。

在经历 2008 年汶川地震、2011 年玉树地震等灾害后，我国建立地震等巨灾保险的法律体系有了较为明显的政策导向。但现实中，我国至今尚未出台地震等巨灾保险相关法律，地震等巨灾保险距离有法可依仍有很长的路要走。分析来看，一个主要原因是地震等巨灾保险的不确定性高，巨灾有破坏性极强、经济损失极高、受灾范围广及风险难以预估的特点，对立法人员确定目标原则，设计监管机构、运作模式等法律架构的技术水平提出了很高的要求。另外巨灾的发生概率较低，实践和理论中都缺乏经验支撑，也会导致法律的缺位。

### 3. 地震保险基金匮乏

大地震造成的人员伤亡和经济损失巨大，除了由政府负责进行经济补偿和灾后重建外，地震保险基金也发挥着巨大的作用。

我国政府虽然每年都有对地震等自然灾害进行损失补偿的财政预算，但并未将地震灾害救济款项与其他自然灾害救济款项分开，不能做到专款专用；经常会到发生地震之时，才发现救济款项已用于其他自然灾害（如洪水、台风等的损失补偿），而腾不出更多的资金用于地震灾害损失补偿。

而商业地震保险不管是以独立险种还是附加险的形式出现，根据国内外的经验，保险公司一般都难以通过商业运作筹得足够资金去承担大地震的损失。

所以我国的地震保险发展面对的基本问题就是如何去实现大量资金的筹集，建立地震保险基金。地震保险基金是指为了补偿地震灾害损失而从各方集中建立起来的专门经费，专款专用，只能用于地震赔偿。而目前我国还没有真正意义上的地震保险基金。按照国际上的经验来看，保险公司收取的地震保险保费和政府对于地震灾害的支持资金是地震保险基金的主要来源，但是目前我国的地震保险业务发展缓慢，保费收入很低，而政府财政支持也是有限度的。

因此我国应该完善地震保险体系，使得地震保险能够得到法律和政策方面的支持，从而快速发展，提高全社会抵御地震灾害的能力。

## （二）保险公司层面

### 1. 地震保险能提供的保障有限

我国每年都会因为地震等自然灾害造成很大的经济损失，近 40 年来此类经济损失约占国民生产总值的 3%，但是由于保险公司承保能力有限，保险产品的地震保障范围和保额有限，导致地震保险的覆盖率较低，提供的赔偿有限。例如，我国 2008 年发生的汶川地震造成直接经济损失达 8451 亿元，但从保险业获得的赔偿只有 18.06 亿元，仅占到全部经济损失的 0.2% 左右，而世界上巨灾保险制度成熟的国家和地区的经验显示，巨灾保险赔付一般可以覆盖损失的 30%。

### 2. 地震灾害损失估算不精确

由于破坏性地震造成的损失巨大，因此对地震损失的精算要求很高。但由于破坏性地震发生的频率低，精算需要的大数据等很难达到要求。另外，我国的地震保险发展晚，有效数据较少，这也导致相关精算技术很不完善。而尽管我国地震发生频繁，但近 30 多年来并没有重大地震发生在中东部的中心城市，因此对地震可能导致的最大损失的精算研究更多只能局限在定性分析，而还没有成熟、可靠的量化指标体系。对于地震风险严重的经济发达地区，如果不能确定一次地震对于经济发达城市的最大可能经济损失，对于保险公司来讲，风险安排方案无法保证满足实际需求，开展地震保险对保险公司的正常经营会有很大的潜在风险。

### 3. 费率定价粗略

由于缺乏地震保险费率的定价基础，地震保险的定价与所承担的风险并不能完全匹配。通常各公司规定地震附加险的费率为主险保费的一定比率。这一比率并没有很严格的精算基础，而是就整体业务进行的粗略估计。对于地震灾害严重的地区，例如云南、四川、京津唐等地区，这一费率并不能弥补当地的地震风险。而对于地震风险较小的地区，例如广东、湖北等地，由地震责任导致的费率提高又会影响保险业务的发展。

从保险产品定价的理论基础来讲，收取保费的费率应取决于地震灾害造成的损失率。损失率越高，相应保险费率就会越高。但是这样确定的收费标准，目前我国绝大多数居民无法承受。但如果厘定的保险费率过低，在成本以下出售保单意味着经营亏损，这部分保险资本必然投向其他能盈利的险种，或向其他产业部门转移。这样，地震保险市场就出现了供需双冷的局面，高赔付率导致了高保费率，高保费率使居民无力投保；居民能接受的，保险公司却赔不起，地震保险就在这两难局面中日渐萎缩。

### 4. 地震风险分散渠道亟待成熟

地震风险所带来的损失是很大的，如何管理和分散地震风险是经营地震保险之前所要考虑和解决的重要问题。现在保险市场上关于地震风险分散最重要的工具是再保险。虽然在我国已有再保险公司参与地震保险机制，但参与得不深，提供的风险保障有限。而我国开办地震保险业务的保险企业在很多方面还不完善，也无法很有效地利用再保险工具分散地震风险。

### 5. 保险公司承保能力有限

巨灾保险从风险的精算、保险费率的厘定、承保能力的评估到理赔金额的确定、衍生产品的开发和风险分担等多个环节具有层级传递的特点，受到受灾地区经济发展水平、人口规模和建筑结构等因素的制约，对保险人技术水平的要求非常高，如果其中任意一个方面缺少相关数据支撑，都无法建立起完整的保险数据链条，对保险公司和投保人都会产生不利影响。对于保险公司而言，无法通过精算数据了解到自身要承担多大风险，对其开展巨灾保险业务就会采取更加谨慎的态度，严重减缓我国巨灾保险发展的步伐。保险公司数据匮乏还有一个重要的原因就是缺乏经验，很难获取到巨灾危害分析结果及建筑物损害分析结果。大数据的建立需要进行大量的实证分析，这是一个非常复杂的过程，涉及政府采购、应急管理，以及天气、水文、交通、人口等各方面因素，而巨灾发生的不确定性恰好与之矛盾。目前我国还没有开发出专门的巨灾保险网上服务系统，巨灾保险投保人的基本信息、投保期限和金额等重要内容依旧作为附加险信息与财产险和人身险结合，且巨灾保险具有一定的社会救助性质，属于政策性保险，其理赔和承保又完全不符合大数法则，国外亦有保险公司破产的先例，所以超高额的理赔数目让很多中小型保险公司望而却步，不愿意承保风险如此高的项目。

### （三）社会公众层面

大地震的发生概率相对较低，有些重大的破坏性地震复发周期甚至在千年尺度。因此民众往往在一次很严重的地震事件之后（例如 2008 年汶川地震），被唤起了对地震等巨灾保险的重视，但是随着时间的推移，加之人们往往对地震灾难的来临具有侥幸心理，危机意识也逐渐消退。另外，由于我国地震保险业的发展起步较晚，其间又经历了 20 世纪 50 年代至 70 年代长达 20 年的国内保险业务中断，直到 1980 年我国的地震保险业才真正开始迅速发展起来，在这短短的三四十年时间里，社会公众对地震保险的重要性认识并不是很深刻，投保人的风险意识、保险意识也相对较弱。并且，面对突如其来的地震破坏，人们生命和财产受到了损失，我国一般采取政府救济和社会捐赠的办法来进行补偿，这使得人们对政府产生了强烈依赖性：大部分人将灾后重建的希望全部寄托于政府，宁愿坐以待毙，也不愿意花钱去购买这发生率极低的地震灾害的保险。

完全依靠政府救济存在明显的弊端。其一，政府财政的能力有限，我国应对灾后重建和灾后救助的资金来源主要是财政收入，随着近年来自然灾害的发生频率和规模都有所攀升，并且随着城市化的发展和经济的日益繁荣，如果在人口密集区发生巨灾，开展灾后重建工作必将耗费当年巨大的财政收入，打乱国家的宏观计划，使政府承担过重的压力；也可能会发生政府的灾后救助效率低下的情况，如部分政府工作人员不能及时地分发救灾物资，救济金不能很快到达受灾群众手中等。而如果能够有保险的参与理赔，一旦审核定损，事实清楚、责任明确的保险理赔会迅速就位。以 2017 年 7 月湖南连日暴雨导致洪灾为例，核查受灾情况达到理赔条件后，农业巨灾险 5 日内完成，人身死亡保险在 3 日内完成。又如，2021 年 7 月河南强降雨事件，随着居民保险意识的增强，保险赔偿比例也在不断增高，这次洪灾的保险赔偿比例在 11% 左右，截至 2021 年 12 月 1 日，河南强降雨事件保险业共接到报案 52.88 万件，已赔付案件 50.1 万件，支付赔款 97.04 亿元，整体件数结案率已达 94.7%。可见，巨灾保险在灾后救助、理赔方面的效率和作用是不言而喻的。其二，政府救济具有普遍性，目的是帮助受灾群众能够尽快恢复生产生活，是提供最低的生活保障。如果民众过度依赖政府救助，将会减少对巨灾保险的需求，引发道德风险，更加削弱了民众的投保意识，这也意味着如果发生下一次巨灾，政府将支出更高的救灾费用。

综上所述，对于地震保险业务的开展，由于风险较大，且不满足大数法则，保险公司并没有很高的积极性，加上人们对地震风险的投保意识薄弱，我国地震保险的发展并不顺利，没有在地震灾害赔偿方面发挥其应有的作用。另外，我国地震保险业务开展范围有限，在许多省份至今还没有开展相关业务；而地震保险的出险率也比较低，这也进一步导致居民的投保积极性降低。因此通过制定合理的地震保险制度以提高地震保险的投保率，减少地震灾害给人们带来的损失是十分必要的。

# 第五章

# 构建我国地震保险制度的思路与建议

GOUJIAN
WOGUO DIZHEN
BAOXIAN ZHIDU
DE SILU YU JIANYI

中国地跨地震活动最频繁的环太平洋地震带和欧亚地震带，是世界上地震活动最强烈和地震灾害最严重的国家之一。我国大部分国土的区划地震烈度在Ⅵ度以上，大约41%面积的国土则位于Ⅶ度以上的高烈度区域（包含全国23个省会城市和三分之二的百万人口以上大城市），防震减灾任务非常艰巨。但是，我国大陆针对地震的政府灾害风险防范体系仍未建立，每发生一次大地震后，政府都制定临时的方案进行抗震救灾工作。对灾区的重建和经济补偿，除社会捐助外，大部分还是依靠政府财政。我国政府主导型地震风险管理模式的种种弊端正逐步显现，让我们更加深刻地认识到发展地震保险制度的必要性。

目前，我国地震保险的发展还处在起步阶段，既有的地震保险赔付与相应地震造成的损失相比非常少，可以说是微乎其微。例如，2008年以来，我国经历了几次严重的地震灾害，其中，汶川8.0级地震造成直接经济损失达8451亿元，但仅获得来自保险业的赔付18.06亿元，这无异于杯水车薪；2013年4月的雅安7.0级地震同样也造成了千亿余元的巨大经济损失，保险赔付金额仅20亿元左右。可见，中国保险业在地震灾害中的赔付占比甚至不足地震灾害直接经济损失总额的0.2%。而国际上有些国家或地区的地震灾害损失中保险赔付的平均水平超过30%（例如，2011年东日本3·11大地震地震保险赔付金额占地震造成直接经济损失的35%）。上述数据表明，我国地震保险的覆盖面有限，渗透率不高，未能提供广泛有效的地震风险保障。几次大地震的发生，也更加凸显出经济社会对我国地震保险制度的紧迫需求。

建立地震保险制度是一项极其复杂，但意义非常重大的工程。地震保险制度的设计和规划过程中不可避免会遇到诸多问题，建立制度过程中消耗的人力、物力都将是很大的成本支出，建成以后还需要运营的成本。但地震保险制度建立并完善后的效益也很明显，对震前预防、震后补偿，以及保持国民经济持续发展、维护社会稳定，都起到相当大的作用。

本章将借鉴世界上其他国家地区的地震保险经验，为我国地震保险从制度模式选择、保费厘定、基金筹集等方面提出适合我国国情的思路和建议。

## 一　社会运作模式的选择

在各国地震保险制度的建设过程中面临的首要问题就是模式选择，从世界上已经建立起地震保险制度的国家或地区来看，地震保险制度的模式按照风险最终承担者的角度来划分，大致有三种：政府主导模式，市场主导模式，以及政府和市场相结合模式。

## （一）政府主导模式

在此模式下，由政府设立专门的地震风险管理机构，统一管理全国的地震保险事务。保险公司一般只是出售地震保险的代理人，并不向投保人承担任何保险责任，而只是通过一定的销售代理获得相应的佣金，最终的保险责任由政府来承担。例如土耳其的地震保险制度就是以政府主导为主：土耳其巨灾保险基金专门负责土耳其地震保险的运营，该机构隶属于土耳其的财政部。因此，在土耳其，巨灾保险的最终责任是由政府来承担。新西兰的地震保险制度也是以政府主导为主，由政府设立地震委员会来管理地震风险。当地震灾害发生之后，保险公司不足以承担地震风险时，由政府来承担最后的兜底责任。

政府主导模式的主要优势有：

（1）成本优势。由政府提供地震保险可以进行全局性的统一规划，在保险机构的设置、地震风险的核定和理赔方面能够实现规模效应，进而节省了大量的交易费用，一定程度上降低了交易成本。

（2）公平性。破坏性地震是典型的低频率、高损失、难预测的"黑天鹅事件"，其保险赔付具有很大的波动性。因此为了保障地震风险的可负担性，保险公司一般会设置比较高的保费，这就使得投保人的投保意愿并不强。而由政府来提供地震保险，能够通过一定的强制力来提高地震保险的投保率。同时政府还可以为地震保险提供一定的保费补贴，让经济收入较低的居民也能购买地震保险，增加消费者的购买积极性，从而保障了地震保险供给的普遍性和公平性。

（3）实效性。相比于商业保险公司而言，政府掌握了更多的公共财政资源，能够确保地震保险偿付的信用，且一旦发现地震保险的"挤兑效应"，政府也可以通过法定的强制力予以排除，以保证地震保险供给的相对有效性。

（4）规范性。政府可以通过法律的形式统一地震保险的内容及保单费率等，进而方便市场的规范管理。

但是政府主导的模式也存在明显的缺点：

首先，承受巨大地震冲击的能力不足。政府主导的模式意味着资金来源渠道单一，资金仅由政府提供，其他分散风险的渠道不多。尽管政府相对于商业保险公司而言，具有很多天然的优势，但是一旦大的地震事件发生，所需要的资金也是非常巨大的，即使是经济发达的国家，其政府财政也会显得力不从心，这就可能影响最终的保障水平与赔付比率。

其次，政府不具备商业保险公司所具有的专业优势。商业保险公司作为专门的保险经营主体，在经营地震保险时，具有更明显的专业化优势。无论是在险种的设计、赔付比率的设定，还是具体的赔付环节，商业保险公司都会更加熟悉。由政府主导地震保险的经营运作，商业保险公司所具有的专业优势就不能得到充分的发挥。

另外，由政府主导进行地震保险建设的资本，一般会通过财政转移支付的方式转移给各个地区，这很容易因为转移力度在各区域之间的不平衡，造成地震保险的区域性不平等现象。

最后，在政府主导模式中，一些国家还采取由政府充当再保险人的做法，这就会诱发商业保险公司的道德风险问题，商业保险公司由于有政府为其承担最后的赔付费用，往往会采取措施减少在承保和核算等环节上的投入。

## （二）市场主导模式

在此模式下，由保险、再保险市场和资本市场共同分担地震巨灾损失风险，政府基本上不承担风险。此时，商业保险公司发挥核心作用。例如美国加州的地震保险制度，核心管理机构是美国加州地震保险局（CEA），完全由商业保险公司出资设立。对于 CEA 的承保能力，政府并没有进行保障，地震灾害风险是通过公众管理的私有资金来承担。在市场主导模式下，政府发挥其公共服务职能，为商业保险公司提供财政、税收和技术等方面的支持。

与政府主导模式相比，市场主导的地震保险模式具有以下优势：

（1）灵活。由于市场与地震风险的"接触"是第一线的，市场对灾情的渗透具有广泛性和灵活性，所以其中的保险企业能充分了解到地震风险需求并及时做出反应，依据市场机制进行风险评估所厘定的保险费率也更为准确。

（2）专业。与政府相比，保险公司对保险业务经营时间长，在风险评估、承保、核保与理赔上具有技术专长，所以由商业保险公司提供的地震保险服务质量也相对较高，能够满足保险服务的多样性要求。

（3）能够促成市场主体的理性决策。由商业保险机构向社会供给地震保险，能够通过保费与保额之间的比例向投保人显示购买地震保险的投入与补偿之间的关系，进而有助于投保人根据风险成本做出理性决策。

市场主导的地震保险模式，其劣势也不言而喻：

商业保险公司的任何经营行为都是以利润最大化为目的，在这样的动机之下，只有保险品种存在足够的利润空间时，商业保险公司才会对相关风险进行保障。而由于地震风险不符合大数法则，难以准确评估，标的情况也十分复杂，一般的商业保险公司容易对地震保险形成"高风险、低利润"的印象，没有足够兴趣开展地震保险业务。即便部分公司愿意开展地震保险业务，也会以利润最大化作为经营目标而制定较高的保险费率。

另外，完全的商业化运作模式，在实际运行过程中可能会发生这样的情况：有些地震灾害频发的地区（如我国的云南、甘肃、宁夏），由于经济发展水平落后，商业保险公司不愿意介入；而有些地震灾害较少发生，但经济较为发达的地区（如深圳、上海），商业保险公司则喜欢介入。如此，不利于地震保险制度的发展。

### （三）政府与市场相结合模式

在此模式下，由政府和市场来共同承担地震风险损失。多个主体共同参与、各自承担责任，能将风险尽可能分散。一旦发生巨灾，可先由保险公司赔偿，当赔偿金超过保险公司的保险责任时，则由政府对超过部分予以赔偿，即政府充当最后保险人的责任。日本是这种模式的典型代表国家。日本成立了地震再保险株式会社（JER），该株式会社由商业保险公司组成，并与政府签订再保险合约；日本在地震保险建立初期，由政府承担主要责任，但是随着日本保险市场的不断发展和完善，商业保险公司在地震保险中发挥了举足轻重的作用。

政府与市场相结合模式的优势在于：

（1）商业保险公司能够利用其销售网络以及专业技术优势，根据市场规则制定合理的费率，且能在地震发生时第一时间派出保险人员定损理赔，提高了地震救灾的效率。

（2）政府也能发挥其资金和政策优势，为商业保险提供政策支持、保险金补贴，且在必要的时候依靠法律和政策的力量有力推动地震保险的全面实施。

因此，政府与市场相结合的模式集中了不同地震保险主体的优点，控制了政府和市场的风险责任，使得巨灾保险能够在市场效率和社会公平中寻求平衡。

当然，政府与市场相结合的模式也存在劣势，主要是需要耗费较大的沟通成本。这是因为政府与保险公司的生存驱动力不同：政府作为社会公共利益的代表机构，其行政力量的使用始终要以社会公共利益为目标，具有很强的社会公益性；而商业保险公司作为营利性法人，其任何行为的实行都存在成本与收入问题，盈利是其主要的目标，具有很强的商业属性。二者行为动机的不同，决定了二者对待一个问题较容易产生分歧。

## （四）以"新型举国体制"构想中国的地震保险制度模式

通过前面介绍的三种地震保险制度模式，可以看到新西兰、美国、日本等各自采取了不同的做法，很难说哪个国家的地震保险制度模式是好的，或是不好的，究竟要采取哪种制度模式，取决于该模式与本国特定的政治、经济、文化背景的匹配。

要构建我国的地震保险机制，也要从我国的具体国情出发，充分考虑政治体制，以及现有国民经济水平、保险市场发达程度等，建立适合我国的地震保险机制。

### 1. 举国体制符合我国巨灾风险管理国情

2019 年 10 月 28 日，中国共产党十九届四中全会审议通过的决定文件明确提出：要构建在社会主义市场经济条件下对关键核心技术进行攻关的新型举国体制。

回顾新中国的发展历程，在面对一些重大难题和挑战，特别是在一些看似不可能完成的任务面前，我国依靠社会主义制度的政治优势，依靠万众一心和群策群力的民族力量，依靠敢于创新和善于创新的集体智慧，不仅攻克了许多科技难关，还战胜了地震、洪水和疫情等重大灾难。因此，我们有理由相信：举国体制是我国在社会治理方面的成功探索与实践，是灾害治理的"中国故事"。同时，随着社会的发展与进步，需要赋予"举国体制"以全新的内涵。这正是"新型举国体制"提出的历史背景、理论基础和逻辑依据。

从历史和客观的视角看，以"举国体制"进行巨灾风险管理符合我国国情。举国体制的最大特点在于能集中力量办大事，高效、快速、大规模地调动公共资源和力量，包括军队和警察的力量，在抢险救灾中减少伤亡，并加速灾后重建和生产生活的恢复。例如在 1998 年大洪水、2008 年汶川地震等几次巨灾的应对中，都充分证明了"举国体制"的优越性。

### 2. 我国传统巨灾风险管理体制面临的问题

随着社会的发展与进步，尤其是在我国全面推进深化改革的过程中，我国的巨灾风险管理体制也面临新的问题和挑战。目前，我国的巨灾风险管理主要采取自上而下的纵向管理模式，是以各级政府为主体，以军队、武警和民兵为抢险救灾突击力量。无论是在抢险的过程中，还是在灾后重建的过程中，均以政府财政作为主要资金来源，同时，辅之以社会力量，主要来自一些非政府组织、社会捐助等；而以保险为主要形式的市场化解决手段发挥的作用甚微，在历次巨灾损失中，商业保险的补偿比例均不超 2%。

面向未来，实现治理能力现代化是我国巨灾风险管理的发展目标和路径。同时，我国也在不断深化行政体制改革，一个重要方向就是要处理好政府与市场的关系，减少政府对微观事务的管理，把能够交给市场的职能剥离出去，充分发挥市场在资源配置中的作用。在这样的形势下，我们需要对传统的巨灾管理举国体制作系统性的反思、完善和创新。

首先，从财政管理模式看，如果抢险救灾和灾后重建的职能都由财政负担，势必导致财政预算的巨大波动，甚至不堪重负。作为世界上最大的发展中国家，我国的国家经济实力相对有限，政府有限的财力不仅要应对包含地震在内的各种自然灾害，还要满足社会基本需要，组织基础建设和国防建设等。即使政府财政全力应对地震灾害，其可以实施的经济补偿也是有限的。

其次，由行政机构负责进行灾后重建的工作，可以立竿见影地进行救灾或救济，但由政府负责全面社会重建的模式则由于缺乏内生性制约机制，长远效率往往不高，同时，还可能出现舞弊和腐败问题。

第三，我国灾害救助的一个重要形式是"对口支援"，相当于进行地区间的财富转移，这种形式容易产生新的不公平。

第四，现有机制下容易产生金融系统性风险，特别是银行风险，即各种信贷资产的风险。如通过按揭贷款买房的灾民会面临很大的还款风险，导致城市居民也可能"因灾返贫"。

第五，举国体制面临的另一个问题是容易淡化国民个体的风险意识，使国民自觉或不自觉地产生了"等靠要"（等待国家援助资金、靠上级财政拨款、要扶贫资金）的依赖思想。

因此，完全由政府主导的模式并不是我国地震保险最好的选择。

除此之外，在过去的很长一段时间内，中国各地的财政收入很大部分来自房地产相关税收和土地出让收入，但是随着我国经济进入结构性调整时期，特别是进入发展的新常态，再加上新冠疫情带来的冲击，以房地产业为税收重要来源的地方财政面临着巨大挑战，我国地方政府将进入"后土地财政"时期，对公共产品和服务的投入能力也可能受到影响；而随着社会发展，公共安全和公共服务的需求日益增加，政府的工作不会减少，反而还会继续增长，将对财政继续造成压力，地方政府财权与事权不匹配的矛盾将愈发突出。

因此，探索巨灾风险治理的"新型举国体制"，已成为迫在眉睫的现实任务。

另外，我国保险市场承保地震灾害的能力有限。目前，我国的保险行业仍然处于初级发展阶段，无论是资本实力，还是保险企业的经营能力，以及配套的法律、政策现况，都决定了当前乃至今后很长一段时期，完全由市场主导的地震保险模式在我国不现实、不可行。从我国的经验看，地震风险的一个重要特点就是虽然发生的概率较低，但所造成的损失难以预期，损失波动幅度非常巨大，再加上风险波及地区的集中性，就使得地震保险无法应用大数定理，容易让人产生高风险、高损失、高赔付的印象，使商业保险公司不愿意单独提供地震保险服务。

综上所述，一个基本结论是采用"举国体制"进行我国的地震风险管理，符合我国国情，"举国体制"在巨灾应对的历史实践中体现了社会制度的优势，功不可没。面向未来，用发展的眼光看，"举国体制"下的地震风险管理也面临与时俱进的任务，可以理解为，需要赋予"举国"以更广泛的内涵。"举国"不仅是举政府和财政之力，同时，也要更多地调动和发挥社会和市场的力量，尤其是市场在资源配置上的关键作用，用"社会"解决范围问题，用"市场"解决效率问题，藏救灾能力于市场，藏重建能力于民，从而在推进巨灾治理能力和体系现代化的同时，打造面向未来的巨灾风险管理"新型举国体制"[1]。所以，笔者认为，我国地震保险制度宜采取政策性保险和商业性保险相结合，"政府主导、市场运作"的模式，从而构建社会主义市场经济条件下巨灾保险的新型举国体制。这样不仅政府可以从庞大的财政负担中适当退出，而且在模式建立初期，有政府对保险行业的支持，保险行业也将获得巨大动力而发展，最终，将实现政府与市场良性互动的双赢局面。

而在实践中，关键问题就是如何理清政府和市场两者结合的各方面关系，建立最佳的互动。这个问题没有"标准"的答案，不同的国家或地区，甚至在

---

[1] 王和．"新型举国体制"是巨灾治理的必由之路［私人通讯］，2020-3-5.

不同的时期，环境、条件均存在很大不同，我们只有在把握根本的基础上，结合实际，创造性地进行研究和解决。

### 3."新型举国体制"下各方主体的作为

对于政府而言，可以通过以下方式在地震保险机制中发挥基础性作用：①为地震保险提供必要的法律框架，提供法规政策保障；②对地震保险实施过程中产生的行政管理成本进行补贴；③对受灾地区保险人的损失进行补贴；④充当再保险人的最后支柱。相对于资本和能力有限的商业保险公司来说，政府充当"兜底"的角色，能够更好地处理地震带来的损失，特别是灾后潜在的极端损失。在平时，政府作为权力机关，能够推行适当的风险应对措施，并且能够开展强制性地震保险，将地震风险分散到全社会范围。

对于商业保险公司来说，作为保险市场的主体，要深刻理解和全面把握"新型举国体制"的内涵和意义，强化社会责任意识，全面提升创新能力。自身作用不仅局限于灾害损失的事后补偿，还要贯穿于包含事前防范、事中监督的全过程，通过保险把市场化的风险管理手段引入社会灾害管理体系中。在地震风险管理方面，保险企业不能只依靠政府做的防灾防损工作，自身也要加强灾前风险防范，通过建立模型等方式进行事前风险评估，助力减灾工程管理等。在地震保险定价方面,保险企业可以利用地震相关部门发布的"地震动参数区划图"等数据进行差异化的保险产品定价，厘定责任范围。还可以利用自身在运营和客户联系上的优势，制定有效的理赔机制，确保地震发生后能迅速开展理赔工作。保险企业还可以学习运用国外先进的巨灾风险管理工具，如行业损失担保、或有资本、巨灾权益卖权和侧挂车等，通过资本市场运作来分散自身承担的巨大风险。同时，保险企业可以强化巨灾风险管理领域的科技应用，如区块链、物联网、大数据和人工智能等技术在地震保险中的应用，建立全面感测和动态反馈的巨灾风险管理技术平台，有效降低巨灾可能导致的损失。

另外，对于是否采用强制保险方式（即对所有投保普通家庭财产保险的人，保险公司自动为其办理地震保险，或者说地震保险对普通家庭财产保险的投保人具有强制约束力）的问题，从我国情况看，目前普通家庭财产保险的普及率较低，大多数家庭对普通家财险缺乏内在需求，普遍认为现在的住宅基本上不存在除地震以外的其他风险（如火灾、洪水、暴雨等）的威胁，因此，现阶段如果在我国采用强制保险的方式，无法推广地震保险。而如果依靠完全自愿购买的商业化保险模式,同样也难以在短时间内建立起我国的地震保险体系。所以,对我国的城市居民住宅地震保险可以考虑采用"法定基本,商业补充"的模式,即将政策性保险和商业性保险相结合,对基本保障采用法定的方式,确保基本保障覆盖广泛,确保社会的安定;在此基础上,根据不同地区、不同客户的需求和支付能力,推广商业保险,确保满足差异化的保险需求。对于企业财产来说,可以具体问题具体分析,对那些经营占地较广,受地震风险影响较大的企业或单位,如电力、交通、化工等企业或单位,可强制投保,以达到对地震风险的有效控制;而对那些受地震风险影响较小的行业,如服务、咨询、商贸等行业,则可采用政府引导、企业自愿参与的方式投保。除此之外,还可以通过发行政府地震债券等方式,一定程度增强保险体系经营的稳定性,不断提高社会的总体保障程度。

各商业性保险公司必须接受政府委托经办地震保险业务,在地震发生之后及时介入理赔事宜;同时,大地震后的巨额赔偿也会使保险公司陷入财务危机,甚至波及国内整个保险行业。所以,政府应当制定相应政策来支持保险业的发展,并引导商业保险公司妥善进入地震保险市场。为此,我国可以借鉴国际经验,对经营地震保险的公司进行减税,并提供专项财政补贴,以支持其开展地震保险业务;对投保家庭住宅地震险的居民可进行财政补贴,以提高居民的投保积极性。

## 二　地震保险费率的厘定

地震保险是让投保人公平分担地震风险、有效获得地震损失赔偿的方式,要开展地震保险业务,很重要的一点就是确定保险的费率。合理、恰当地厘定地震保险费率至关重要:保险费率定得过高,会影响投保人的兴趣,购买者太少,则不能充分发挥地震保险的作用;而保险费率定得过低,保险公司承担的风险过大,容易造成亏损,甚至破产。

保险费率的定义为:投保人应缴纳的保险费与保险金额(保险公司负责赔偿的最高金额)的比值。地震保险费率 = 地震保险费 / 地震保险金额,一般用百分数表示。保险费率的构成包括保险纯费率和保险附加费率两部分。其中,保险纯费率与地震风险直接相关,用于计算满足投保人期望赔偿的费用,根据期望效用原则,地震保险纯费用应与地震保险预期赔偿金额相等。保险附加费率则用于计算相关的风险附加及管理费用,其中管理费用主要与保险公司的业务开支和运营情况有关，包括有营业费用、预期利润等。

确定地震保险费率需要充分的数据和科学精确的计算。但是，由于我国幅员辽阔，不同区域的地震危险性和经济发展水平差异较大，而且地震属于小概率事件，经验数据不够多，使得用于估计地震损失的科学模型得不到充分的论证。

目前，我国企业财产保险可以扩展承保地震保险，家庭财产保险原则上也可以承保地震风险，但地震保险费率的确定还缺乏科学研究。地震保险费率的厘定没有得到合理解决是我国地震保险制度未能建立和发展的一个重要原因。保险费率的厘定主要是基于大数定理，但是破坏性地震的发生次数较少，使得其无法适用大数定理。

随着科学技术的发展，采用更科学、更精细的地震工程学计算方法来厘定地震保险费率得到普遍认可。基于地震工程学方法厘定地震保险费率的理论基础包含三个方面：地震危险性、结构易损性及经济损失。地震危险性是一个地区在未来一定时间内发生的地震超过给定地震危险程度的概率；结构易损性是建筑结构在一定地震强度下发生某种破坏状态的概率或可能性，代表结构的抗震性能；经济损失可从侧面反映某地区的经济发展水平。

目前，世界各国在厘定地震保险费率过程中，大多以地震危险性分析为基础进行分区，同时考虑结构易损性，形成了多种地震保险费率。例如，日本基于地震危险性分析，将全国划分为4个地震风险等级，根据结构形式又划分木质结构和非木质结构2大类，从而形成了8种地震保险费率。美国根据地震危险性将地区划分为5个区（加利福尼亚州除外，该州共划分了19个地震保险费率区域），对建筑物按抗震性能分成16种，共形成80种地震保险费率。新西兰将全国各地按地震风险程度的不同划分成315个区域，并充分考虑建筑物的结构、强度、高度以及使用年限等因素，厘定不同的地震保险费率。墨西哥按照不同的危险程度划分7个保险费率区，区内又有6类不同建筑结构，总共给出了42个地震保险费率。

从国内外地震保险的实践来看，基于物理机制和保险技术的巨灾模型被普遍认为是对巨灾风险进行定价的有效工具，并被（再）保险公司所广泛采用。根据不同地区的地震危险性和地区中不同建筑物的易损性确定保险费率是十分必要的。借鉴他国他地的做法，我国的地震保险费率厘定可以与我国许多城市已经完成或正在开展的地震危险性和工程易损性评定直接结合起来，着力表达建筑结构本身抗震能力对地震保险费率的影响。具体思路如下。

### （一）地震危险性分析

我国幅员辽阔，其中的地震断裂带十分活跃，同时地震活动在空间上表现出明显的不均匀性。根据活动块体的划分以及历史地震的空间分布，可将中国划分为八个地震构造区（见表 1-2，图 1-3），各区间的地震危险性差异较大。因此，在不同的空间环境下，同类建筑结构所面临的地震风险是不同的，建筑物的震害损失概率分布也存在差异。另外，不同区域经济发展水平也不均衡。由此可见，地震保险费率的厘定不宜采用全国统一的标准：若在不同地震风险的地区执行同一费率，各保险人的赔偿责任和投保人的保费负担就不对等，将加重逆向选择和道德风险。保险人必须确保各保险区执行费率和风险等级的一致性。

要坚持风险一致性的原则，保险人可以以各地区的地震危险性研究为基础，根据地震发生概率的不同将目标区域划分为不同的保险区，厘定不同等级的地震保险费率。地震的成因非常复杂，以目前的科学水平还没有办法做到准确预测地震三要素，但是地震学家们也不断努力并做了很多的工作。现阶段各国地震工程学家均采用概率地震危险性分析（Probabilistic Seismic Hazard Analysis，PSHA）方法研究地震危险性，该方法的基本思路是，首先建立区域地震活动性概率模型，然后依据特定的地震动预测模型，评价区域地震活动对场点产生的地震动水平的概率分布特征，从而确定具有概率含义的地震危险性曲线，即预测指定地区或断裂带发生强震的概率并对强震中可能的地面运动进行计算。

我国地震动区划图历经 5 次修正，自第 3 代开始，地震工程学家结合我国的地震活动特点，在 PSHA 方法的主要技术框架下，重点对地震活动性模型进行了改进，提出了两级潜在震源区方案，以细致地刻画地震活动的空间不均匀性，该方法称为考虑地震活动时空不均匀性的概率地震危险性分析方法（简称CPSHA 方法），能比较真实地反映我国各地区地震危险性。

根据 CPSHA 地震活动性模型的假定，地震统计区震级分布满足截断的 G-R关系（亦称震级－频度关系，是地震的震级与发生频次普遍遵循的统计关系）。将震级离散化为 $N_m$ 个震级档，$m_j$ 为第 $j$ 个震级档（$m_j-\frac{1}{2}\Delta m \leq m_j \leq m_j+\frac{1}{2}\Delta m$）的中心值，$\Delta m$ 为震级间隔，可推导得到地震统计区的震级分布 $P(m_j)$ 为[1]：

---

[1]潘华,高孟潭,谢富仁.新版地震区划图地震活动性模型与参数确定[J].震灾防御技术,2013,8（1）：11-23.

$$p(m_j) = \frac{2\exp\left[-\beta(m_j - m_o)\right]}{1-\exp\left[-\beta(m_{uz} - m_o)\right]} \cdot \text{sh}\left(\frac{\beta}{2}\Delta m\right)$$

式中，$\beta = b\ln10$，$b$ 为地震统计区 G-R 关系曲线的斜率；$m_0$ 为震级下限；$m_{uz}$ 为地震统计区震级上限。

假设地震统计区单位时间内地震发生次数满足泊松分布，令地震统计区年 $m_0$ 级以上地震发生次数满足年均值为 $v_0$ 的泊松分布，则有：

$$p(n) = \frac{(v_0)^n \exp(-v_0)}{n!}$$

地震统计区内各潜在震源区发生 $m_j$ 震级档地震的概率满足不均匀分布，而潜在震源区内各点发生 $m_j$ 震级档地震的概率满足均匀分布，两者共同决定地震统计区内各点发生地震的概率 $P\left[(x, y)|m_j\right]$。令地震统计区内 $m_j$ 档地震发生在第 $i$ 个潜在震源区上的概率为 $f_{i, mj}$，第 $i$ 个潜在震源区的面积为 $A_i$，则有：

$$P\left[(x, y)|m_j\right] = f_{i, mj} \cdot \frac{1}{A_i}$$

由上述 CPSHA 地震活动性模型的表达，结合地震动预测概率分布，便可综合得到场点地震危险性计算公式。

第 $k$ 个地震统计区内的第 $i$ 个潜在震源区内随机发生的 1 次震级为 $m_j$、位置为 $(x, y)$ 的地震，在场点造成地震波 $A \geq a$ 的概率为：

$$P(A \geq a)_k = \sum_{j=1}^{N_m} \iint P(m_j)_k \cdot P\left[(x, y)_{ki}|m_j\right]_k \cdot P\left[A \geq a|m_j, (x, y)_{ki}\right] \mathrm{d}x\mathrm{d}y$$

式中，$P\left[A \geq a|m_j, (x, y)_{ki}\right]$ 与预测地震动的衰减关系不确定性相关。

令 $P(A \geq a)_k = P_k$，由泊松分布式，并依其随机选择特性，可以得到第 $k$ 个地震统计区内发生的地震在场点产生地震动 $A \geq a$ 的年超越概率：

$$P(A \geq a)_k = 1 - \exp(-p_k v_k)$$

综合场点周围 $N_Z$ 个地震统计区对场点的影响，由全概率定律即可得到：

$$P(A \geq a) = 1 - \prod_{k=1}^{N_Z}\left[1 - p_k(A \geq a)\right] = 1 - \exp\left(-\sum_{k=1}^{N_Z} p_k v_k\right)$$

依据上述理论，可以计算得到一个地区在某一超越概率（例如，50 年 10% 或 2% 超越概率）水平下的地表峰值加速度（PGA）分布，如图 5-1。

根据上述地震危险性分析的结果，进行地震保险区划，将全国划分为多个

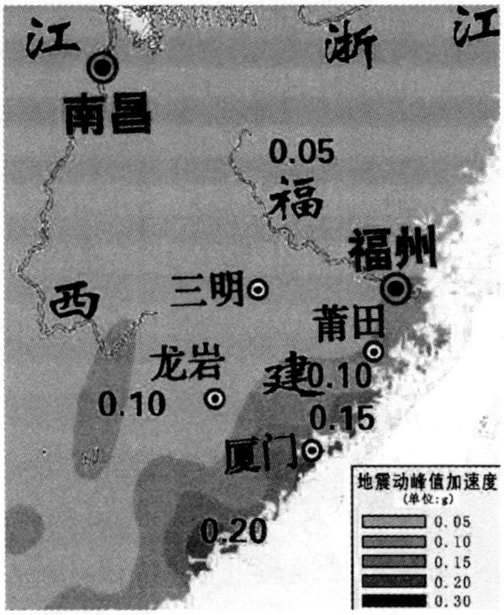

图 5-1　地震动峰值加速度分布图（以中国东南局部为例）
资料来源：《中国地震动峰值加速度区划图》（GB18306—2015）

不同等级的地震保险区，方便在不同保险区划内制定差别地震保险费率，使相同保险区内的投保人购买同质的地震保险保单，使保费负担和保险责任相一致。可见，保险区划的设置是科学合理厘定地震保险费率的基础和基本依据，差别费率的思想也更好地体现了公平合理的原则，很大程度上避免了地震风险的过度集中。考虑我国的实际情况——幅员辽阔，地区间地震风险程度差异大，各地的财政收入和承担能力也不均衡，以省为单位建立城乡居民地震保险保障体系符合我国国情。由于费率测算比较复杂，可以考虑在部分省（特别是地震危险性较高的省份）进行试点，总结经验后再逐步推广到全国。

　　以福建省为例，福建省地处我国东南沿海地震带，毗邻太平洋板块与欧亚大陆板块交接的台湾地震带，福建省境内还有滨海地震带、长乐—诏安断裂带、政和—海丰断裂带和邵武—河源断裂带贯穿全省，存在发生中强地震的地质构造背景。在 1604 年 12 月 29 日（明万历三十二年），泉州以东海域的滨海断层上就曾发生了 8 级大地震，是我国东南沿海有记载以来最大的一次地震，福建沿海遭受严重破坏。近年来福建省内地震活动频繁，2007 年以来已陆续发生 10 余次 4 级以上中强地震，并时常遭受台湾强烈地震的波及和影响。目前我国大陆地震活动仍处于高潮期，地处东南沿海的福建省（福州、厦门、泉州、漳州、莆田、龙岩等地）仍然是国家的地震重点监视防御区。同时福建是全国开展震害预测工作基础较好的省份，具备开展地震保险试点的条件。从《中国地震动

参数区划图》（GB18306—2015）中可以看出（见图 5-1），福建省主要位于 0.05g
以下、0.05g、0.10g，及 0.15g 的分区中，地震保险区可以依据该地震动参数分
区进行划分，其中地震动参数 ≤ 0.05g 的对应 I 区（地震保险费率最低），上到
0.10g 的对应 II 区，上到 0.15g 的对应 III 区（地震保险费率最高）。

### （二）房屋结构易损性分析

地震危险性分析是利用地震风险程度实现地震保险费率分区，而结构易损
性则是通过对建筑物不同结构的损失分析实现地震保险的费率分级。根据建筑
抗震性的不同实行不同的地震保险费率，一方面可以更精确地经营地震保险项
目，而且可以防止逆向选择，另一方面，还可以起到鼓励建设更安全的建筑物
的作用。

根据建筑物的抗震设防标准和所处位置可以确定基本费率。按抗震设防标
准将建筑物分为四个等级：第一个等级为已经做抗震设防的建筑物，以及经过
加固或质量特别好的建筑物；第二个等级为没有做抗震设防，但质量较好的建
筑物；第三个等级为没有做抗震设防，质量中等的建筑物；第四个等级为没有
做抗震设防，且质量较差的建筑物。对于危房则不予承保。保险费率最高是第
四个等级，最低是第一个等级。再根据建筑物的高度、所用材料、建筑年代、
施工质量、场地条件、保险密度等多种因素分别考虑各种修正系数，确定最终
的地震保险费率。

另外，需要对建筑物的地震损失进行估计，并对不同的预期损失进行分类。
可以利用房屋结构的易损性分析获得建筑在给定烈度的地震作用下出现不同破
坏等级的概率，进而再获得震害经济损失与建筑物重置价值的比值。

在进行建筑物易损性分析前，应先确定建筑物的破坏等级与保险损失比之
间的关系。《建筑抗震设计规范》（GB5001—2010）明确划分了建筑物在地
震作用下的破坏等级，一般可以分为基本完好 $DS_1$、轻微破坏 $DS_2$、中等破坏
$DS_3$、严重破坏 $DS_4$ 和完全毁坏 $DS_5$ 这 5 个等级。损失比 $DR$ 指建筑物经济损
失与建筑物重置价值的比值。根据《建筑地震破坏等级划分标准》（建抗字第
377 号），可得到如表 5-1 所示的各破坏等级 $DS$ 与 $DR$ 值之间的关系，并获得
地震保险损失比的对应取值。由于地震保险在建筑状态为基本完好时，并不进
行赔偿，故地震保险在此状态下损失比取值为 0%；而建筑遭遇震害后处于完全

破坏状态时,一般没有继续使用的可能,需要进行拆除,地震保险进行全额赔付,即地震保险此时的损失比取值为 100%。

**表 5-1 破坏等级与损失比**

| 破坏等级 DS | 状态说明 | 修复工作 | 损失比 DR 范围 | 损失比均值 | 地震保险损失比取值 DR (DS) |
|---|---|---|---|---|---|
| 基本完好 ($DS_1$) | 结构完好,承重构件无破坏 | 无需修理可继续使用 | 0% ~ 2% | 1% | 0% |
| 轻微破坏 ($DS_2$) | 部分承重构件轻微裂缝*,部分非承重构件局部破坏 | 无需修理或稍加修理,仍可继续使用 | 2% ~ 10% | 6% | 6% |
| 中等破坏 ($DS_3$) | 多数承重构件轻微裂缝*,部分明显裂缝*,不威胁生命安全,部分非承重构建局部明显损坏 | 修理并采取安全措施后适当使用 | 10% ~ 30% | 20% | 20% |
| 严重破坏 ($DS_4$) | 建筑大面积损坏,承重构建破坏严重 | 局部拆除,排险大修 | 30% ~ 70% | 50% | 50% |
| 完全损坏 ($DS_5$) | 主体结构倒塌或多数区域严重损坏 | 拆除重建 | 70% ~ 100% | 85% | 100% |

注:*对钢结构构件指残余变形。

对于群体建筑的易损性分析,一般可采用抽样评估的方法。针对不同结构类型及可收集到数据资料的详尽程度,选择相应的单体建筑易损性分析方法,在可能的条件下尽量采用可靠度方法。将抽样的结构作单体建筑易损性分析,获得各种破坏等级 $DS$ 的面积 $F_{DS}$,对同类结构抽样总面积 $\sum F_{DS}$ 之比值就是该类结构的损失率,即:

$$P(DS|I) = F_{DS} / \sum F_{DS}$$

根据上式可以建立该结构在烈度 $I$ 下的损失率矩阵,当抽取样本数量足够多时,结果就接近于实际损失概率。最终以该损失概率推算每一保险区该类结构各种破坏等级的建筑面积,建立群体易损性矩阵。

利用建筑物结构易损性矩阵,可得到第 $Q$ 类结构在烈度 $I$ 下各破坏等级 $DS$ 的损失概率 $P(Q, DS, I)$,结合损失比映射关系(表 5-1),可得到第 $Q$ 类结构在烈度 $I$ 下的保险总损失率:

$$MDR\ (Q,\ I)=\sum_{DS}P\ (Q,\ DS,\ I)\times DR\ (DS)$$

根据上述的地震保险区划及房屋结构易损性分析，可以结合精算方法得到不同保险条件下的基本地震保险费率，即保险纯费率。但更可靠的数据来自对风险全面系统的量化分析，而这还有赖于科技的支撑。

### （三）其他考虑因素

在承保地震风险的过程中，保险公司需投入大量人力，支付宣传广告、代理手续等费用，这些成本都应计入保险价格，从保费收入中得到补偿。

在具体选择保费保额时，建议考虑采用"低保费、宽保面"的费率政策，并实行差别费率；对赔偿限额可按照"购房款"的一定比例确定，同时，还可以根据情况确定一个"上限"。

但是破坏性地震是典型的低频率、高损失、难预测的"黑天鹅事件"，其保险赔付具有很大的波动性，因此在地震保险的实施过程中，保险公司某些年份的实际赔款将远远超出期望赔付成本。如果保险公司仅收取纯保费，将存在较大的破产隐患。所以，保险公司在充分考虑自身偿付能力、保险基金积累状况、市场预期接受度后，可在纯保费的基础上增加一定的风险附加费用，避免公司亏损，确保稳健运营。

在地震保险的定价过程中，鉴于地震是一种巨灾风险，仅靠技术定价具有局限性。因此，我们需要重视和推动技术定价工作，但经营过程不能仅限于其中。从金融创新的角度看，确定价格的另一个途径是市场，特别是可以利用资本市场的价格发现功能。通过创设地震保险期货、地震保险期权、地震保险债券等金融产品来实现地震风险由保险市场向资本市场转移，是解决定价问题的一个全新思路和模式。在运行过程中，我们实际是在各种技术和金融手段的基础上，追求更高层次的科学与合理，体现互助和共济的原则。

对于地震保险金额，人们在震后恢复生活的过程中，仅有"购房款"的补偿是远远不够的，商业保险可以根据客户的需要，提供房屋装修、家用电器、日用品、临时租房等相关费用的保障。

在地震保险理赔方面，可以借助区块链技术进行快速理赔，解决人工服务较为缓慢，以及传统地震保险业容易存在的欺诈、对账难等其他问题。

### 三 建立地震保险专项基金

地震保险制度建设面临的另外一个问题是如何建立地震保险基金。如果保险基金达不到一定的规模，那么，其作用就不能得到有效发挥。从国际经验来看，在地震灾害比较严重的国家和地区，地震保险仅靠纯商业运作，对于保险公司的经营和保险市场的稳定都存在一定的不利。通常，政府会和各保险公司合作设立地震保险基金，进行风险共担。

#### （一）资金来源

地震保险基金的基本定位应是政府主导、市场运作的准公共风险保障基金，承载着政府和社会各方面应对地震灾害的重要职能。其资金来源主要有三个渠道。

（1）政府的财政补助，主要由政府每年直接拿出一部分资金作为地震保险基金的长期资本金，以及政府的税费减免。财政拨付的方式比较简单，但许多地方的财政能力有限，而且，地震保险基金完全由财政拨付也与我国财政开支的基本原则存在一定的偏离，并有可能导致老百姓产生依赖的思想，不利于风险管理意识的普及。因此地震保险基金的建立不能只依靠国家财政补助。

（2）民众缴付，主要为保险公司通过销售地震保险所取得的保费收入。采用居民缴付的方式，就有一个如何实现的问题，如果采用完全自愿，或者商业的模式，则其推广、归集的成本相对较高，不利于促进地震保险的普及。另外，如果基金规模较小，就难以形成社会效应。因此地震保险基金的建立也不能只由民众缴付。

（3）地震保险基金的投资收益。政府可以允许地震保险基金进行投资，以此来增值保值，但要对其投资范围进行管理，不允许投资高风险、流动性差的标的，以保障基金的安全性和流动性。

综上，地震保险基金的资金来源应当包含以上三个方面的共同作用。

#### （二）管理方式

借鉴国际上一些国家和地区的相关经验，我们可以发现在地震保险制度的建立和推进过程中，一个行之有效的办法就是由国家来建立地震保险基金。根据我国的实际情况，地震保险基金可由政府统一协调运作（地震保险基金涉及的受众较为广泛，需要由政府建立一套完善、协调且有力的治理和监督机制，平衡各参与方的权利与义务，以确保基金的稳健运行）；可以在国务院的领导下，设立如地震保险基金管理公司的专门机构对基金进行统一管理，依法接受国家有关部门的监督管理，统一负责地震保险基金的收付、划拨等职责；设立一个总的地震保险基金账户，单独立账，单独核算，由审计部门对基金每年的运作和收益进行审计并予以公示，杜绝地震保险基金被违章挪用和贪污的行为。保险公司对地震保险业务承保以后，所有的保费首先应分保给地震保险基金，然后由地震保险制度核心机构对该基金进行管理。地震保险基金的整个建立和运行可采用分层的模式，分别由政府和市场承担不同部分。

**1. 政府可以承担的工作**

（1）提供原始的启动资金。基金从零开始要达到可启动规模往往需要一定的积累时间，因此，政府可以最初的时候对地震保险基金进行缺口拨款，使基金能够迅速获得能力应对可能发生的地震灾难，帮助基金顺利起步；此后每年，政府还可以按照一定的比例进行投入（可由全国地震保险基金理事会根据地震风险状况和中央财政、各省财力情况，提出该项投入的预算），以不断充实壮大地震保险基金。

（2）对风险提供一定额度的担保。在地震保险基金建立的初期，如果国家能够通过财政对基金进行适当的担保，就可以有效地保障基金的初始赔付能力，以避免基金无法承受地震的巨大打击。与此同时保留担保的自动撤销及恢复机制，一旦基金规模达到并超过国内地震保险自留责任时撤销机制开始实行。当基金规模再次低于国内地震保险自留责任的时候（比如，国内地震保险基金在支付赔款后容易发生此类情况），则担保恢复机制启动，使得财政再次对基金进行担保。贯穿在整个机制过程中的政府担保可以主要以信用担保的形式存在，而并非一定要支付实际的赔偿金。

（3）考虑颁布专门法规，要求购买商品房的居民均按照购房款的一定比例交缴地震保险基金，同时，向其提供一定期限，如20年，或者30年的住宅地震保险保障。而对于方案启动前已经购买商品房的居民，则可以从已经缴交的住房公共维修基金中划拨一定的比例到地震保险基金账户。这样能够确保基金的快速归集。另外，也可在居民每个月的物业管理费中增加收取地震保险基金，但是金额不宜过高，比如，每个月向住户征收2元钱的地震保险基金，对大部分住户来说，这2元钱无关痛痒，可能不会引起太多的反对；而一旦地震风险发生，这笔钱将起到很大的作用（根据我国的人口现状以及城市化的规模，以这种方式筹集到的地震保险基金将是一笔不小的数目）。因此在物业管理费中加收地震保险基金不失为一种可以考虑的举措。此外，还可以通过鼓励社会捐赠、开办地震彩票等方式，不断积累壮大地震保险基金的规模。

（4）予以税收等财政支持。政府可以对地震保险基金进行税收优惠，如税费全免，与此同时还可辅之专款保障、弱势群体保障等政策，将会提升保险公司的积极性，并刺激市场对地震保险的需求，进而能够增加保费收入，使基金更健壮以应对各种风险挑战。例如，美国加州地震局在1994年北岭大地震后开办了地震保险，并建立了地震保险基金，美国政府通过免税的形式为地震保险提供财政支持，并规定基金专款专用，不得补贴财政赤字；日本也出台了地震保险税收优惠政策，可以从所得税的税基和地方居住税的税基中分别扣除5万日元和2.5万日元。另外，对于如孤寡老人、残疾人、失业人员等弱势群体，政府可以出资通过专门购买的方式，解决他们的地震风险保障问题。

**2. 市场可以承担的工作**

地震保险基金的日常运作原则上采用商业的模式。根据不同保险产品的责任范围和地震风险损失记录，利用精算技术，科学确定价格。保险企业利用自身和各种外部代理的渠道，宣传和推销地震保险产品。也可以通过住房公共维修基金的收缴部门代理业务。

地震保险基金的保值增值也通过市场运作。可通过再保险市场分散风险，保证基金稳定运营。通过资本市场实现基金的投资收益，保证基金的长期累积和可持续运营。

## 四 建立地震保险的再保险体系

由于地震风险不符合传统可保风险的理想条件，以及地震保险所具有的正外部性和准公共产品属性，使得地震保险单纯依靠市场自身难以形成有效供给，会导致市场失灵。

面对地震保险的市场失灵问题，可以从地震保险的需求端和供给端分别入手解决。在地震保险的需求端，主要有三个解决问题的角度：①行政角度，可实行强制或半强制政策的地震保险；②经济角度，可推行财政补贴型保险或税收优惠型保险；③文化角度，可通过教育提升公众认知，提高居民购买地震保险的积极性，带动内部动力型商业保险。

　　地震保险的需求端问题如果得到解决，地震保险的需求量将大大增加，与承保能力不足的供给端现状将形成矛盾。供给端的不充分和不可持续性将在较大程度上限制地震风险管理和地震保险的长远发展。因此解决地震保险的供给端问题，改善地震风险的可保性，将有利于提高保险公司参与、开发和供给地震保险的积极性，能够降低经营地震保险业务的成本和风险，提高经营稳定性，反向促进需求，进而可长期改善供需失灵，令市场向更充分均衡的方向改善。为改善地震风险的可保性问题，提高地震保险的供给稳定性，除了政府干预，另外一个行之有效的途径就是地震再保险[1]。

　　再保险被称为"保险的保险"，是保险人将其所承保危险责任的一部分或全部，向其他保险人再投保的行为。原保险人和再保险人必须签订再保险合同来明确双方的权力和义务。作为保险市场的一种通行业务，再保险可以使保险人不至于因为一次事故损失过大而影响履行赔偿责任的能力。再保险能够使保险公司加快融资速度，改善财务稳定性，同时，可以实现风险跨区域分散，帮助保险公司突破可保风险理论的限制，化解承保风险，扩大承保能力，在巨灾保险，特别是地震风险管理中具有关键作用。利用再保险机制来构建地震保险体系是必要且可行的。一个合理、优化的地震再保险机制，可以为地震风险管理提供长期、充足、稳定的承保能力。

　　我国的地震再保险制度，应以保民生、重公益为定位，其功能目标为提供充足的承保能力，稳定的再保险价格，通过充分的风险分散和可靠的融资机制确保行业持续经营的稳定性。作为公共管理责任人的政府，可重点关注民生领域的保障工作，将广覆盖和基础保障作为标准纳入再保险制度中；以立法的形式，确定我国地震再保险制度，形成由市场主导经营管理，政府提供数据和技术指导，提供税收优惠及其他政策的地震再保险体系。而补充保障和企业财产保险属于社会保险市场领域，应尊重市场供需，政府不宜过多干预。应将更充分的供给、更低廉的价格作为地震再保险机制的实施目标。

　　作为组织和运作分层次、多渠道，交易操作复杂的地震再保险体系，需要一个核心机构来统筹工作。共保体适合担任这样的机构，它可以汇聚行业资源，具有统筹管理整个市场各个参与者业务组合的天然优势。地震再保险体系可以先通过共保体将风险在域内进行充分的分散，以求从全市场角度降低再保险成

　　[1] 张蕴遐. 地震风险管理体系中的再保险制度研究 [D] [博士学位论文]. 北京：对外经济贸易大学，2018.

本；随后将风险和潜在异质损失通过不同渠道和工具，在不同层面进行分散，为共保体和各个参与方设定赔偿限额，促进持续和稳定的地震再保险供给。我国政府于 2015 年开始尝试地震共保体，其机制包含了原保险公司层面的合作和风险分散，本质上具有底层再保险的功能。但由于我国尚未建立完善的再保险制度和体系，共保体的功能不包含统筹安排全国地震风险的高层再保险和全球分散。由政府主导、市场注资并运营的共保体作为我国地震再保险体系的核心管理机构，负责将地震风险在域内集中分散，统筹安排，并承担底层的再保险功能；在未来，可借助区块链和智能合约技术，实现共保体内部分保、摊赔的自动化和智能化，优化流程，降低运营费用，加强监管，同时避免成员单位逆选择对共保体经营稳定性造成的压力。

在上述政策的综合作用下，可期望在全国建立一套由政府参与和支持、主要通过市场运作的地震再保险制度并逐步完善，巩固我国的地震风险管理体系。

## 五　设立多层次的风险分散机制和责任上限

大地震一旦发生，往往会造成巨大的经济财产损失，因此保险公司在承保时会面对巨大的风险，虽然可以采用与政府相结合的方式进行承保，但是政府的财力也是有限的，在大地震来临后，保险资金仍然会捉襟见肘。为了解决保险业务扩大与巨灾风险规避之间的矛盾，就需要建立科学的风险分散机制。

从国际上多个国家或地区的实践看，可以将面临的地震风险损失划分为若干"层"，不同的层采用不同的解决方案，同时在各层内部还可以采用"横纵结合"的模式，最大限度为保险机构提供有效风险保障。在实施方式上，可以采用共同保险、再保险的做法。

共同保险是指投保人和两个（含）以上的保险人就同一可保利益 / 风险共同缔结保险合同的一种保险，在保险标的发生损失时，各保险人按各自承担的保险金额比例分摊损失。在共同保险机制下，原本由一位保险人独立承担的风险责任，因多位保险人共同参与承保，风险责任发生横向的分散与转移，有效减轻一位保险人单独承担的理赔压力。

再保险则是指原保险人与相应投保人签订原保险合同后，为转移、分散自身风险责任，重新与其他保险人签订分保合同的保险行为。新签订的分保合同已经脱离原保险合同关系范畴，原保险人在新签订的分保合同关系中，角色也由保险人变为投保人，原先的风险转移关系也随之发生变化，即在原保险合同关系下，风险责任由"投保人"向"保险人（一位或数位）"转移，在再保险合同关系下，部分风险责任再由原保险人（一位或数位）向再保险人转移。

共同保险下的风险责任转移就是横向风险转移，即在同一保险标的的不同保险人之间的转移；再保险下的风险责任转移就是纵向风险转移，即基于原保险人（一位或数位）同时与原投保人、再保险人存在的不同保险合同关系的风险转移。共同保险下的横向风险转移与再保险下的纵向风险转移二者互不冲突，反而能够相互补充，实现保险机构风险责任的两次转移。即共同保险下的各保险人，也可以与其他保险人签订再保险合同，进一步分散自身风险责任。

再保险可以采用比例型（比例型再保险是指原保险人与再保险人按比例分担保险责任的再保险方式），或者非比例型（非比例型再保险是以固定金额作为自留额，即，先规定一个由分出人自己负担的赔款额度，对超过这一额度的赔款才由分保接受人承担赔偿责任，两者之间没有比例关系）；可以采用传统的再保，也可以采用非传统的再保；可以采用创新的金融模式，在条件具备的时候可逐步推行地震保险证券化，通过创设地震保险期货、地震保险期权、地震保险债券等金融产品来实现地震风险由保险市场向资本市场转移。在承担主体方面，可以是保险市场上的保险公司和再保险公司，也可以是资本市场上的其他金融机构和主体，还可以是政府财政机构；可以是国内的主体，也可以是国外的主体。这样，以分层技术为主，结合各种金融创新的风险分散机制，就能够最大限度解决地震保险的偿付能力问题，同时，能够很好地兼顾可行性和效率问题。

另外，我们必须认识到：即使采用了分层技术，对于特大地震风险，仍然不能彻底解决偿付能力问题；而且，如果一味追求偿付能力，势必导致效率的降低、成本的增高。因此，一些国家在地震保险制度中规定，当发生特别巨大的地震损失，损失超过了国家地震保险制度设计承受的范围时，在必要的法定程序下，允许地震保险制度按照总偿付能力与总损失的比例进行比例赔偿，或者规定赔偿上限，即成为有限责任的地震保险。这样，从根本上解决了地震保险偿付能力这个关键问题。

对于有限责任的风险分散机制，举例来说，可以如下构建：

对一次地震事故，先设定其赔偿总限额，然后由政府、商业保险公司、再保险市场和资本市场共同承担保险赔偿。风险分散机制可以分为四层：第一层风险，由各商业保险公司承担；第二层风险，由地震保险基金承担；第三层风险，由再保险市场承担；第四层风险，由政府兜底负责。同一次地震事故按原理赔条款应赔付总额超过赔偿总限额（各层所承担的责任上限的总额）时，则按比例削减各笔赔付给被保险人的赔款金额。各层风险承担限额由地震保险基金视投保、理赔的具体情况，定期进行总结和检讨；如需调整，可拟定调整方案报请主管机关审批。

## 六　建立健全地震保险法律体系

地震保险制度要有效运行，离不开一系列法律法规的保驾护航。从世界上其他先行国家和地区的实践来看，地震保险都是一种准公共产品，部分带有公益属性，地震保险经营的资源也涉及公共利益，因此需要通过成立健全的法律，依法对地震保险进行经营和管理。例如，日本通过颁布《地震保险法》，并建立了地震再保险株式会社，推动了地震保险制度的建设和发展。我国的台湾地区地震保险制度也是在"住宅地震保险共保及危险承担机制实施办法"等相关制度（该制度对地震保险的再保险、地震基金、保险理赔和费率等方面均作了具体规定）的保障下建立的。

目前，我国对于地震灾害风险防范的法律法规体系还不完善，迄今尚未出台一部专门的"地震保险法"。法律体系的不足使得地震保险在实际运作过程中容易出现一些混乱的现象。因此，建议国家制订"地震保险法"及配套法律法规，制订中既要总结过去实践的教训，又要吸收世界上地震保险立法的优秀经验，结合我国具体国情进行全面分析和考虑。

制订专门的地震保险法，一方面可以为我国地震保险的开展实施提供有力的法制保障，有利于规范和指导地震保险工作，建立起行之有效的地震损失分担机制；另一方面，也是将地震保险机制以规范的形式固定下来。同时，考虑到不同地区在经济条件、财政收入以及面临风险上的差异，地方政府也可适时制订地震保险的地方性法律条令，配合"地震保险法"一同实施。地震保险法律体系的建成，有利于明确保险市场各个主体的相应责任，更好地保障投保人和保险人（保险公司）的相关利益。

在"地震保险法"中，不仅要对地震保险的基本制度和基本原则做出规定，还要出台与之配套的实施细则，对地震保险的具体操作内容进行规范。作为地震保险的基本法，"地震保险法"的出台既要考虑宏观，也要考虑微观，这样才有助于我国地震保险事务的规范化、高效化管理。其应包含以下基本内容：首先，要明确规定地震保险的基本运作模式，包括资金来源、实施方式、风险分摊机制、承保对象以及承保、理赔程序等；其次，要明确各级政府、保险行业及社会各方的责任，为协调各方关系，应设立专门的管理机构；最后，为分散国内保险公司的承保风险，减轻保险公司的承保压力，要明确规定保险公司的分保和再保险业务，同时明确规定各级地方财政对地震保险的补贴机制。

保险立法工作需要多部门、多领域合作，需要社会各界共同参与。由于我国幅员辽阔，各地地震风险不同，经济发展水平不同，在全国范围立即推行统一的地震保险法并不是一个很好的选择，因此可以考虑地方立法、部门立法先行，然后逐步上升到国家层面。即，政府先在一些地区进行试运作，先易后难，待试点地区的地震保险运行成功后，再逐步推广到更多的区域，直至全国范围。

另外，要想让地震保险机制能够有效运行，需要对保险公司进行监督和管理。考虑到地震保险的复杂性和重要性，应该由政府设立或指定专业的监管机构来负责监管。中国银保监会是我国保险业的监督机构，拥有大量的保险专业人才，具有丰富的保险监管经验，可考虑在中国银保监会管辖下设立专门的地震保险管理部门，对开展地震保险的公司的准入、承保责任、准备金提取和理赔进行有效监管，并统一协调与监管地震保险的政策性保险和商业性保险两大部分。

## 七　加强宣传，提高民众地震保险意识

长期以来，面对地震灾害风险，民众都习惯于依赖政府的事后救助，往往缺乏主动规避风险和购买地震保险的意识。作为一个地震多发的国家，地震风险不仅需要得到国家政府的关注，更需要得到整个社会的高度重视。向民众普及、宣传地震防灾减灾以及地震保险知识，既是政府履行自身职能的行为体现，同时也是地震相关部门的工作职责。作为政府，应充分发挥其舆论宣传和引导作用，通过大众媒体进行广泛而有效的宣传，向民众普及地震及地震保险知识，使民众能够真正了解地震保险的优点和主要内容，逐渐由认可、接受到积极主动参与投保。

首先，要坚持长期做好地震防灾减灾意识和保险意识的普及宣传工作。政

府可以在全国各地建立地震专题学习基地，并通过进课堂、进社区等形式开展防震减灾讲座及防震演习等，引导民众主动培育地震风险防范意识，在面对突发的地震灾害时能够具备基本的应急救援能力；也可以利用 VR（虚拟现实）技术开发多媒体产品，让参与者能够身临其境地感受地震和学习地震逃生知识。还要积极鼓励和培养广大居民购买保险的意识，让大众树立对保险风险的理性态度，最终达成全民投保、人人有保障的政策性目的。

其次，要重视民众应对灾害的心理建设，让大家在灾害真的不幸来临时能够承受一定的心理压力，并且在灾后要加强对受灾民众的心理疏导和呵护，让群众情绪稳定，能够为后续救灾及重建工作提供良好的社会氛围。

最后，要加强防震减灾基础设施建设，对城市的地震紧急避难场所进行增建和扩建，提高建筑物的抗震性。对于存在震灾隐患的地区和场所，要定期组织开展排查工作，落实相关责任,对于重点地区和重点单位要加大日常巡查力度，对不满足安全规定的单位限期整改，切实落实灾害隐患排查责任，确保人民群众生命及财产安全。

# 参考文献

[1] 陈华，赵俊燕．巨灾保险体系构建研究：一个国际比较的视角［J］．金融理论与实践，2008（09）：76-81.

[2] 程漠大，许可心．建立我国地震保险制度的可行性分析［J］．改革论坛，2019（03）.

[3] 戴靠山，肖雪，刘康，等．中国地震保险的发展现状分析及其在风电产业应用初探［J］．自然灾害学报，2018，27（04）：13-19.

[4] 冯占军．台湾地震保险制度发展评析［J］．台湾研究，2008，000（004）：55-59.

[5] 高孟潭．《中国地震动参数区划图（GB 18306—2015）》宣贯教材［M］．北京：中国质检出版社，2015.

[6] 高颖．日本、新西兰地震再保险制度对比及启示［J］．中国保险，2018，000（003）：58-64.

[7] 胡晓峰．论中国地震保险制度构建［D］［硕士学位论文］．沈阳：辽宁大学，2011.

[8] 贾清显，朱铭来．地震保险基金建立的国际实践与中国选择——基于完善地震风险承担机制视角［J］．未来与发展，2009，30（004）：12-18.

[9] 景冰冰，危福泉．中国地震保险理论模型及应用需求研究［J］．福建保险，2019（6）：8-11.

[10] 李红梅，刘宁．中美地震灾害保险比较与启示［J］．中国应急救援，2015，000（003）：49-51.

[11] 李嘉浩，王国军．中国地震保险市场的演化博弈均衡——政府预防性补贴和救济性给付分析［J］．运筹与管理，2022，31（02）：48-53.

[12] 李瑾．巨灾保险制度国际比较：理论困境、政策突破及中国启示［D］［硕士学位论文］．南京：南京大学，2011.

[13] 李开斌，魏华林．保险产业政策的国际比较及其启示［J］．经济评论，2001（06）：82-90.

[14] 李平．新西兰巨灾保险给我们的启示［J］．城市与减灾，2010（06）：

33-35.

［15］李文中，张玉红.论建立中国地震保险制度［J］.首都经济贸易大学学报，
2008，010（004）：56-60.

［16］李志强.中国地震灾害风险管理中的保险问题研究［D］［博士学位论文］.
北京：中国地震局地质研究所，1997.

［17］李志强，徐敬海，李晓丽.亚洲巨灾划分研究［J］.地震地质，2012,34（04）：
792-804.

［18］林婷婷，叶先宝.美国加州地震保险模式［J］.中国金融，2019，11：
91-92.

［19］刘水杏，王国军.巨灾保险发展的国际经验［J］.中国金融，2021，（01）：
56-58.

［20］刘小群，王东明.我国地震保险发展浅析［J］.中国减灾，2019，（17）：
42-45.

［21］刘蔚.地震保险基金的国际比较——基于筹资与风险分担视角［J］.管
理观察，2014（16）：55-57.

［22］卢大伟，刘博.我国建立地震保险制度的探讨［J］.自然灾害学报，
2010，19（05）：29-35.

［23］潘华，高孟潭，谢富仁.新版地震区划图地震活动性模型与参数确定.震
灾防御技术，2013，8（1）：11-23.

［24］齐超，陈方正.日本与中国地震灾害损失补偿机制研究［J］.西北地震学报，
2010，32（3）：248-252.

［25］邱剑.财产保险公司对地震保险的承保管控和风险控制分析［J］.保险
研究，2012（01）：78-85.

［26］史本叶，孙黎.日本地震保险制度及其借鉴［J］.商业研究，2011（09）：
122-126.

［27］施锦芳.日本地震保险制度最新变化研究［J］.财经问题研究，2013，
000（010）：68-74.

［28］宋慧英.我国地震保险制度研究［D］［硕士学位论文］.乌鲁木齐：新
疆财经大学，2009.

［29］苏志强，王冠.美国地震保险制度对我国地震保险的启示［J］.法制与经济，
2010，94-96.

［30］陶正如，李铭家 . 新西兰地震保险的启示［J］. 自然灾害学报，2021，30（3）：24-34.

［31］田玲，姚鹏 . 地震保险费率厘定研究［J］. 北京理工大学学报（社会科学版），2013，015（003）：54-59.

［32］王东明，陈华静，陈敬一，等 . 国家地震灾害风险防治业务平台功能设计与展望［J］. 自然灾害学报，2021，30（02）：60-70.

［33］王东明，高永武 . 城市建筑群概率地震灾害风险评估系统［J］. 工程力学，2019，36（07）：165-173.

［34］王和，王平 . 中国地震保险研究［M］. 北京：中国金融出版社，2013.

［35］王和，杨牧 . 巨灾保险助力韧性城市建设［J］. 中国金融，2021（01）：54-56.

［36］王康 . 建立我国地震保险制度的研究［D］［硕士学位论文］. 天津：天津财经大学，2009.

［37］危福泉 . 地震保险的国际比较与我国发展模式探讨［D］［硕士学位论文］. 北京：中共中央党校，2010.

［38］危福泉，蔡宗文，焦双健，等 . 基于人口统计数据的区域震害快速评估方法［J］. 地震学报，2008，30（05）：518-524.

［39］温怀斌 . 关于区域巨灾保险安排模式的思考［J］. 福建保险，2017（2）：540-548.

［40］熊华，罗奇峰 . 国内外地震保险概况［J］. 灾害学，2003，18（3）：61-65.

［41］许闲，张涵博，陈卓苗 . 财政波动风险与保险平滑机制：以地震灾害救助为例［J］. 财经研究，2016（5）：28-42.

［42］薛梅 . 地震保险在地震面前的尴尬——兼论中国地震风险管理模式的构建［J］. 金融与经济，2010（06）：66-71.

［43］闫正平 . 日本地震保险制度及启示［J］. 中国保险，2011（04）：15-17.

［44］叶非 . 地震保险"新西兰模式"值得借鉴［J］. 中国保险报，2002.

［45］叶远航，温怀斌 . 关于韧性保险能力培育途径的思考［J］. 福建保险，2020，（2）：79-87.

［46］于汐，唐彦东，王凤京，等 . 区域地震保险费率定价研究——河北省为例［J］. 数学的实践与认识，2015，45（21）：172-180.

［47］袁力，王和．我国地震保险制度研究［J］.新金融评论，2012，000（002）：128-145.

［48］张力毅．台湾地区政策性地震保险制度构建经验之启示——写在中国大陆拟制定《地震巨灾保险条例》之际［J］.保险研究，2018，365（09）：108-118.

［49］张蕴遐．地震风险管理体系中的再保险制度研究［D］［博士学位论文］.北京：对外经济贸易大学，2018.

［50］张祖荣．我国地震保险制度建设探讨［J］.天津财经大学学报：现代财经，2010（03）：34-40.

［51］赵苑达．论我国地震保险制度的建设［J］.保险研究，2003（10）：36-38.

［52］郑山锁，相泽辉，郑捷，等．我国建筑物地震保险制度及保险费率厘定研究［J］.灾害学，2016，31（003）：1-7；19.

［53］郑伟．地震保险：国际经验与中国思路［J］.保险研究，2008，000（006）：9-14.

［54］朱浩然．土耳其地震保险制度及其启示［J］.中国保险，2011（7）：56-59.

［55］卓志，吴婷．中国地震巨灾保险制度的模式选择与设计［J］.中国软科学，2011（01）：17-24.

［56］宗宁．我国巨灾保险法律制度研究［D］［博士学位论文］.重庆：西南政法大学，2013.

# 后记

　　我国是世界上遭受地震损害最为严重的国家，地震一直是我国社会发展、城市建设及人民生活所面临的一个重大威胁。但是，地震预报是世界性的难题，现在的科学还达不到可准确预报地震以指导提前疏散、减小地震损失的水平。因此，面对地震风险，如何在震后快速补偿因地震造成的损失，以恢复生产和安定人民的生活，一直是政府和有关部门关注的焦点。地震保险因此走进大众的视线，尤其是2008年汶川地震过后，政府和社会各界对地震保险制度的研究更是达到了一个新的高度。但是，到目前为止我国仍然没有建立起完善的地震保险制度。

　　国际上一些地震多发国家或地区大多在经历了破坏性地震之后开始逐步建立地震保险制度，并且取得了较大的成功，大大改善了地震风险管理。为此，本书借鉴世界上其他国家或地区对地震保险制度的先行经验，并基于我国现状，提出中国地震保险制度的构建思路，希望进一步深化和推动我国地震保险制度的建设。

　　本课题的研究得到国家减灾中心特聘专家、中国银保监会重大决策专家咨询委员会专家、中国精算师协会会长王和博士的悉心指导和大力支持，并拨冗为本书作序，在此特向他表示衷心的感谢！

　　在书本编写过程中，参考了大量的专著、研究报告、论文（包括期刊论文和学位论文）；得到中国地震局震害防御司、中国地震局地球物理研究所、中国地震灾害防御中心等单位专家的指导；福建科学技术出版社的责任编辑也为本书的出版付出了辛勤的工作。在此特向各文章作者、专家、朋友们表示衷心的感谢！